NEW CLASSIC SERIES

信仰入門

Basic Christianity

ジョン・ストット 著
John R. W. Stott
有賀寿 訳

いのちのことば社

 This translation of ***Basic Christianity*** first published in 1958 is published by arrangement with Inter-Varsity Press, Nottingham, England.

まえがき

「教会ってのは敷居が高いけど、イエス・キリストには好感が持てる」。今日、多くの人、特に若い人たちは、正直にいえばこう考えているのではないでしょうか。

現代人は制度につながりのあるものには、とかく反発します。体制に反感を抱いているので、その上にあぐらをかく生き方をする人を、決して容赦しません。それどころか、憎しみをさえ抱きます。このような人が教会を快《こころよ》く思わないのは、わからないでもありません。教会は体制に浸り、どうしようもなく堕落しきっている、と思うのでしょう。

しかし、現に存在している教会を快く思わないにしても、彼らはイエス・キリストに対しては、そう言いません。彼らが教会に対しこれほど批判的で冷ややかなのは、キリスト教の創始者であるイエス・キリストと目に見える教会の現状の間にまさに矛盾《むじゅん》を見いだすからですが、イエスの人格と教えはいまだに魅力を失っていないのです。彼の魅力の一つとしては、イエス自身も反体制的であったことを指摘できます。彼の発言のあるものは事実、革命をめざしていました。また彼の理想はどこまでも気高《けだか》く、いつどこにおいても人に愛と安らぎを与えました。仮にいま私がイエスの魅力の一つを挙げよと言われるなら、発言したことを彼が一つ残らず実行したということを指摘するでしょう。

それにしても、彼は本当にそのような人物だったのでしょうか。

今日、世界のどこに行っても、いまなおかなりの人がキリスト、またはキリスト教の教えを、額面《がくめん》どおりに認めるクリスチャンホームで育っています。しかし物事を批判する能力を身につけ、自分でいろいろなことを考える年頃《としごろ》になると、彼らの多くは子どものときに教えられた信仰の信《しん》憑性《ぴょうせい》を追究するどころか、見向きもしなくなるのです。

他の無数の人は、キリスト教的な環境とまったく無縁に成人します。ヒンズー教・仏教・イスラム教の環境の中で育ったり、ヒューマニズム・無神論・実存主義などの思想を身につけて、大きくなる人もいます。それでもこの人たちは、イエスのことを知ると、ほとんど例外なく、彼に魅せられ、彼のことが忘れられなくなります。

この本では、ナザレのイエスが歴史的に実在したことを前提に、学びを進めます。この点に疑問をはさむ余地は、まったくないと言ってよいでしょう。なぜなら彼の歴史性は、クリスチャンであった著述家たちだけでなく、そうでない人びとによっても論証されているからです。

彼は確かに、人間として生涯を送りました。人の子として生まれ、成長し、仕事をし、汗をかき、休息をとり、夜になれば眠り、お腹《なか》がすけば食事をし、最後には苦しみながら死にました。イエスは、普通の人とまったく同様、肉体や感情に左右されて生きていかれました。

それでは、彼が神であったと言われるのは、どうしてでしょう。私たちは実際に、イエスを神と、信じなければならないのでしょうか。イエスはクリスチャンに美化されて、神と偽《いつわ》られているだけでしょうか。それとも、ナザレの大工が神の子であったというクリスチャンの大げさな主張には、何か確かな証拠でもあるのでしょうか。

これは放っておくことのできない疑問です。いい加減に扱ってよい問題ではありません。クリスチャンであってもなくても、私たちはこの疑問に正直に答えなければなりません。もしキリストが、人間の姿をとってこの世に来られた神であると言えないのなら、キリスト教を論破するのは難しくありません。美しい理想と崇高な倫理をかかげる、多くの宗教の一つにすぎない、と言えばそれまでです。キリスト教は独自な宗教でなくなります。

しかしさまざまな証拠を検討してみると、イエスは本当に神であったとしか言いようがなくなります。その証拠が確かに堅固で史実に基づいており、積《つ》み重ねていくとその効果が増幅されるからです。誠実な人であれば、疑問を抑え何も考えないで信じるというようなことをせず、証拠を実際に検討することによって、それらの証拠が信頼に値するものであることを、ご自分でも発見なさるでしょう。以下にいくつか、証拠を挙げてみます。イエスは自分のことで大胆に、しかも自分の才能を見せびらかすことなく、途方もない主張をいくどもされました。他に比べる存在のない、彼の人柄を挙げることもできます。彼の力、優しさ、妥協を知らない正義感、思いやりに満ちた態度、子どもたちに対する配慮、社会から見捨てられた人に対する愛情、自制力、自己犠牲、どれも、人びとの賞賛を受けるにふさわしいものばかりです。そのうえ、十字架上の無惨な死は、彼にとっては最期になりませんでした。イエスは死からよみがえったといわれていますが、その復活を証明する数々の証拠は、彼が神であることを裏づける証拠の中でも最も説得力のあるものと考えられています。

さてここでは、仮にイエスを神と認めて、話を進めることにします。その場合、このような事実をそのまま受け入れることは、キリスト教で最も大切なことになるのでしょうか。いいえ。そうではありません。たとえイエスを神と認めることができたとしても、彼のしたことの本質を検討しないなら、すべては水の泡となります。大事なのは、イエスが何をするためにこの世に来たのか、という点です。彼は「罪人を救うために世に来た」と聖書（この本では、聖書の引用は『聖書　新改訳２０１７』〔新日本聖書刊行会〕から致します）は記しています。ナザレのイエスは、私たち罪人が必要としている、神が送ってくださった「救い主」なのです。私たちは罪を持っているので、神から遠く引き離されています。ですから、私たちは罪の赦しを与えられ、あらゆる点で聖《きよ》い神に近づく特権を、再び回復されなければなりません。また、利己主義から解放され、理想をつらぬく力を与えられる必要があります。敵味方を等しく愛する秘訣《ひけつ》を学ばなければなりません。「救い」とは、まさにこのようなものであるべきではないでしょうか。イエスはその死と復活によって、これらすべてのものを与えようとしておられるのです。

それでは、キリスト教で最も大切なのは、イエスをこの世の救い主として来られた神と認めることでしょうか。いいえ。これすらある意味では、最も重要なことといえません。イエスが神的な方であることを承認し、自分が救い主を必要としていることを認め、救い主が成し遂げた救いのわざを信じても、それで十分とはいえないのです。キリスト教の信仰は、信条をただ認めることにはなく、実生活を信仰にふさわしく営むことだからです。確かに、キリスト教信仰は知的な面でなら、どんな批判にも耐えることができます（『地の塩・世の光』『地には平和』『みこころを地に』〔全部ストット著、すぐ書房刊〕参照）。しかしたとえそうでも、ただ信じていればよいというのではなく、その信仰を実際の行動に移すことを、私たちは要求されます。

そのためにはどうしたらいいのでしょう。イエス・キリストに、自分自身を任せるのです。この方に、心も頭も、たましいも意志も、また家庭も仕事も、いや全生涯を任せ、自分の側《がわ》からどんな注文もつけないのです。そのためには、自分を神の前にへりくだらせなければなりません。そしてイエスを、自分の救い主と信じ、自分を導く主なる方と仰《あお》ぐ決意をし、彼への服従を誓うのです。それから、教会の忠実な会員、社会の責任ある市民として、自分の信仰による歩みをし始めるのです。

これが信仰入門です。この本の名前の由来はここにあります。さて、これから私たちは、イエス・キリストの神性を裏づけている証拠の検討を始めるわけですが、その前に序論として、信仰を学ぶに当たっての正しい態度について考えておくことにしましょう。神はイエス・キリストのうちに見いだせる、とクリスチャンは言います。しかしこの主張は、人間のほうに神を探究する必要があるだけでなく、神が現に人を捜し求めておられるという事実に注目するなら、さらに効果的に検討していけるからです。

目次

1　正しい態度

「はじめに神」。聖書を開くと、このことばがまず目に飛び込んできます。これは創造物語や創世記の単なるプロローグ、前書きではありません。この一句には聖書全体を解く鍵《かぎ》が隠されているのです。すなわち、これは聖書の教えが、神のイニシアティヴによるものであることを告げることばなのです。

人は神のなさることを予測できません。また、神の計画を出し抜いて、何かをすることもできません。いつも最初に事を始められるのは、神です。神はどんな場合にも、必ず「はじめ」であられます。人間が地上に存在する前にも、神は活動しておられました。また、人間が、神の探究を始める前から、神のほうでは人間を捜し求めておられました。聖書に描かれているのは、人間が神を手探りしている姿ではなく、神が人間に近づこうとして来られたその姿です。

神は、人間が「どうにかしてください」と悲痛な叫びを上げないかぎり、人間の心痛に無関心で、超然とし、知らんふりをして、はるかなる王座に座しているだけだ、と多くの人は考えているようです。とんでもない。これは神に対する、冒瀆《ぼうとく》もはなはだしい考え違いです。聖書が示している神は、人間が暗闇《くらやみ》の中で罪深い生活を続け、そろそろ神の方に方向を転換しなければならない、と気がつくはるか前から、ご自分のイニシアティヴで王座を後《あと》にし、その栄光を捨て、身を低くし、地上の人となり、罪人を捜し求めるような方なのです。

神のこのような、主権的で、先を見越した行動は、聖書の中にたくさんの例を見いだすことができます。第一に、神は宇宙とそこにあるすべてのものを創造するうえで、イニシアティヴをとられました。「はじめに神が天と地を創造された」（創世1・1）

第二に、神は啓示でもイニシアティヴをとり、人間に神の本質と意志を伝えました。「神は昔、預言者たちによって、多くの部分に分け、多くの方法で先祖たちに語られましたが、この終わりの時には、御子にあって私たちに語られました」とあります（ヘブル1・1―2）。

第三に、神は救いにおいてもイニシアティヴをとられました。イエス・キリストという人物として、この世に来て、人びとを罪の中から救い出してくださったからです。「主はその御民を顧《かえり》みて、贖《あがな》いをなし」と書かれているとおりです（ルカ1・68）。

神は創造し、啓示し、救いをこの世にもたらされました。これら三つの分野で神がイニシアティヴをとられたとするこの主張は、聖書の宗教の要約といえます。本書ではこの第二と第三の点を、イエス・キリストという人物を中心に、考えようと思っています。もし神が啓示されたことを私たちが認めるなら、この世界に対する、最後的で、最も重要なメッセージが、イエス・キリストご自身であることは明らかですし、神の働きを認めるなら、その最も大いなる行為は、イエス・キリストによる世界のあがないであることもわかってきます。だから私たちは、歴史上の人物としてのイエス・キリストの考察から、学びを始めるのです。キリスト教で最も大切なのは、キリストの教えであることからしても、これは当然のことです。

神はイエス・キリストにおいて語り、また働かれました。キリストに関するできごとが、神の語りかけであり、神の働きかけであるなら、キリスト教は単なる口先だけの、きれいごとを言う宗教だ、などと決して言えないでしょう。宗教思想の集大成や道徳の奥義という理解も間違いです。キリスト教は「福音」であり、他に比べるもののない「よきおとずれ」なのです。パウロがいう「御子に関する」福音です（ローマ1・1―4）。このような意味で神が語られるというのは、何かを「せよ」といった、人間への神の呼びかけを主とするものではなく、神がイエス・キリストにおいて私たちのために何かをしていてくださる、ということを告げ知らせるだけなのです。

神は語られた

人間は本当に探究心が旺盛《おうせい》で、しかも飽きることを知らない動物です。一瞬たりと落ち着いてなどいません。その知性は未知のものをほじくり出すのに一生懸命で、全精力を傾けて知識の追求に当たります。その一生は発見から発見への航海であり、終わりなき探究・調査・研究に費やされます。あの子どもっぽい「なあぜ」と問うくせから、人間は終生抜け出すことができないのです。

ところが、神のこととなると人間は、はたと当惑します。ぬかるみにはまり込み、道を見失います。その思考が暗中模索に終わるからです。しかし、人間が生身の有限な存在であるのにひきかえ、神がたとえどんな方であるにせよ無限な存在であることを考えれば、これは驚くべきことではありません。神は人間の理解を、完全に超越した存在だからです。科学の実験をしているときには人間の知性が有用であっても、ここでは何の役にも立ちません。人間の頭脳の力で無限な神の考えを理解することは、できない相談なのです。両者の間には、測り知ることも渡ることもできない深淵《しんえん》があるだけで、そこにかける橋はありません。ヨブは、「あなたは神の深さを見極められるだろうか」と尋ねたことがあります（ヨブ11・7）。それは不可能なのです。

この状況は、神が救済のイニシアティヴをとってくださらなければ、いつまでも変わらなかったでしょう。結局のところ人は、ピラトと同じように、「真理とは何なのか」と尋ねるのが精いっぱいで（ヨハネ18・38）、後《あと》はいつまでも絶望的な不可知論者としてとどまらざるをえないのです。もしかしたら、人間はその宗教的本性のゆえに、神をおがむことぐらいはするかもしれません。しかしその祭壇には、ギリシアのアテネの祭壇に刻まれていたのと同じ、「知られていない神に」という刻印が例外なく押されて、自分のおがんでいる対象がどんなものであるかも知らないでおがむ、という結果になることでしょう。

しかし、神はお語りになりました。彼は自分から進んでご自身を啓示されました。キリスト教の啓示論は、本質において理性的です。神は、啓示しなければ隠されたままに終わるご自身のことを、このようにして「あらわ」にされたのです。この啓示は、一部については、自然の中にも現されました。

天は神の栄光を語り告げ
大空は御手のわざを告げ知らせる。（詩篇19・1）

神について知りうることは、彼らの間で明らかです。神が彼らに明らかにされたのです。神の、目に見えない性質、すなわち神の永遠の力と神性は、世界が創造されたときから被造物を通して知られ、はっきりと認められるので、彼らに弁解の余地はありません。（ローマ1・19―20）

これは、キリスト教用語で「一般」啓示（どの土地、どの時代の人にも示されている啓示のこと）、または「自然」啓示（自然の中に存在する啓示のこと）と呼ばれるものです。ところが、一般啓示だけでは十分といえません。確かに、神が存在すること、神が栄光に満ちた力ある誠実な方であることは、自然を通していくらか教えられるでしょう。しかし、神を人格的に知り、罪を赦されて、神と親密な関係を持つためには、もっともっと実際的な啓示が必要でした。神がご自身を現されるとすれば、その聖《きよ》さ、愛、力も、人を罪から救うものとして、そこに含まれていなければならないのです。ですから、そのような啓示も、神は私たちに提供してくださるのです。それは「特別」啓示と呼ばれます。特別な（旧約聖書の預言者や新約聖書の使徒のような）使者を通して、特別な（イスラエルの）人びとに、それは与えられました。この啓示は「超自然」啓示といわれることもあります。超自然的な方法、すなわち、神の霊の働き（キリスト教の用語で「霊感」と呼ばれるプロセス）を通して、神の意志を伝えるからです。これはおもに、イエスの人格と生涯のうちに現されています。

聖書は「神は語られた」といって、しばしば神ご自身の意志を明らかにしています。私たちも、お互いの意思を通じ合わせるのには、ことばを用いるのがいちばんです。心の思いをはっきりさせたいときには、ことばにたよるのです。ご自身の無限の思いを、有限な人間に伝えようとなさるとき、神もそれを用います。もし神がご自身の意志をことばを通して示してくださらなかったら、預言者イザヤが、天が地よりも高いように神の思いは人間の思いよりも高い、と述べているように、私たちはそれを知ることなく生涯を終えなければならなかったでしょう。旧約聖書の多くの預言者にまず神のことばが与えられ、それからイエス・キリストがこの世に来、「ことばは人となって、私たちの間に住まわ」なければならなかったのは、こういう理由からなのです（ヨハネ1・1―14）。

同じことをパウロはコリント人への手紙の中でこう言っています。「神の知恵により、この世は自分の知恵によって神を知ることがありませんでした。それゆえ神は、宣教のことばの愚かさを通して、信じる者を救うことにされたのです」（Ⅰコリント1・21）。人が神を知るようになるのは自分の知識によってでなく、神のことば（ここでは「宣教」といわれている）によってであり、人間の理性を通してというよりは、神の啓示を通してなのです。クリスチャンが不可知論者や迷信家のところに行って、「あなたがたが知らずに拝んでいるもの、それを教えましょう」（使徒17・23）とずうずうしくも言うのは、神が私にこのことを教えてくださったと確信しているからであって、決して自分の知性にうぬぼれて「教えてやろう」と思ってではありません。

今日まで科学と宗教がたたかってきたのは、「神が語られる」とはどういうことかを理解できなかったからです。科学的知識は五感の提供する資料、すなわち観察と実験によって進歩します。しかし五感は、宗教的な問題を研究するための資料を提供できません。今日神には、触れることも、見ることも、聞くこともできないからです。ですから、経験を通して未知のものを追究する科学的研究方法は、宗教の問題の解決にそのまま使うことができません。しかし、イエス・キリストがこの世におられたときに人びとは、彼を通して神のことばを聞き、神を見、神に触れたのです。神はキリストを通して、ご自身を啓示してくださいました。それでヨハネは、こう書くことができたのです。「初めからあったもの、私たちが聞いたもの、目で見たもの、じっと見、また手でさわったもの、すなわち、いのちのことばについて」と（Iヨハネ1・1）。

神は働かれた

キリスト教のいう「よきおとずれ」は、神が語られたということを伝えるだけで終わりはしません。「神は働かれた」ということも伝えます。すでに述べたように、神は創造・啓示・救いの三点において、イニシアティヴをとられました。人間が救われるためには、神の側《がわ》からの一方的な働きかけが、どうしても必要だったからです。人間が神のことに関して無知であることを考えると、神の語りかけはどうしても必要でした。しかし、人間は無知であるだけでなく、罪深い存在でもあります。したがって、人を救いたいと願っておられる神は、無知を追い払う啓示を与えるだけでは目的を達成できず、別の方法を人間のために用意しなければなりませんでした。それが

「神は働かれた」という側面になるのです。神は人間を創造してから、ずっと働いてこられました。神はアブラハム（イスラエル民族の父祖）をバビロニア（むかしのシュメール）のウルという町から、カナンの地（現在のイスラエル国がある地域）に導き出し、彼とその子孫によって一つの部族になさいました。ところがその部族はエジプトに寄留した後《のち》、奴隷にされてしまいました。それで神は、イスラエル民族をモーセという指導者を用いてエジプトから救い出し、シナイ山で彼らと契約を結び、彼らに砂漠を渡らせ、四十年かかりましたが再び約束の地カナンにつれ戻り、そこで彼らを特別な民族として指導し、教育されたのです。カナンの地でも、神は周《まわ》りの諸外国からイスラエルの民を守り、神を礼拝する民となさいました。イスラエルの不信仰のため、バビロニアに徹底的に打ちのめされ、捕囚《ほしゅう》とされたこともありますが、神はそのような中からさえ民を救い出されました。

しかし、この神の働きかけは、イエス・キリストにおいて神が完成させようとしていた、より大いなる、より完全な救いのわざの、下準備にすぎません。なぜなら、人間が本当に必要としているのは、エジプトの奴隷のくさりからの解放ではなく、他国の侵略に対する勝利や、バビロニア捕囚からの帰還や、ローマ帝国の属国状態からの解放ではないからです。人間が罪深い存在であり、罪というくさりにつながれ、罪の奴隷になっている現実から解放され、救われることこそ、人間にとって本当に必要なものなのです。イエス・キリストは、この救いを実現するために来られました。彼こそは「罪からの救い主」なのです。

マリアは男の子を産みます。その名をイエスとつけなさい。この方がご自分の民をその罪からお救いになるのです。（マタイ1・21）

「キリスト・イエスは罪人を救うために世に来られた」ということばは真実であり、そのまま受け入れるに値するものです。（Ⅰテモテ1・15）

人の子は、失われた者を捜して救うために来たのです。（ルカ19・10）

イエス・キリストは、群れから迷い出たたった一匹の羊を追って、見つけ出すまでは決して休みをとろうとしない、あの羊飼いのような方なのです。（ルカ15・3―7）

キリスト教はこういう救いを与える宗教です。キリスト教以外に、生きる目的を見いだせないでさまよっている罪人を救い出そうとして、神が自分のいのちまでも捨てたと説く宗教は、ほかにありません。

人間の応答

神は語り、働かれました。このような神のことばと行動は、いま聖書の中に記録されており、その解釈も示されています。キリスト教に包まれて育った人であれば、このあたりのことは知っています。しかし、そのような人の多くは、それ以上のこととなるとまったく興味を示そうとしません。すなわち、神が語り、働かれたということを、過去の歴史に属する単なる事実とするだけで、いま生きている自分には、何ら関係のないできごととして、済まそうとします。神のことばと行動が歴史の中から抜け出してきて、その人の実際の経験となり、その人を支える人生の土台となることはありません。「神は語られた」と認めますか。それなら、それを認めるあなたは、あなたに語られているそのことばを、聞いたでしょうか。「神は働かれた」と認めますか。それなら、それを認めるあなたは、その神の働きかけによって、生かされているでしょうか。その恵みを受け止め、恵みに押し出され、歩んでおられるでしょうか。

この点について私たちがどうしたらよいかは、次章以下の本論で明らかにされるでしょう。ここではもう一つのことを言わなければなりません。それは、私たちの態度に関係します。私たちは、進んで求めなければなりません。神は私たち人間を、捜し出そうとなさいました。いや、いまも捜し出そうとしておられます。ですから、私たちも探求しなければならないのです。休むことなく、あきらめることなく、疲れたなどと言わないで。もし神が人間に苦情を呈《てい》するとしたら、人間は神に何も期待しないのか、とおっしゃることでしょう。

主は天から人の子らを見下ろされた。
悟る者　神を求める者がいるかどうかと。
すべての者が離れて行き
だれもかれも無用の者となった。
善を行う者はいない。
だれ一人いない。（詩篇14・2―3）

しかしイエスは「探しなさい。そうすれば見出します」と言われました（マタイ7・7）。もし捜さないなら、私たちは決して何も見いださないでしょう。百匹の羊を持っていた羊飼いは、いなくなった一匹の羊を見いだすまで、捜し続けました（ルカ15・4）。十枚の銀貨を持っていた女も、失った一枚の銀貨を見つけるまで、捜し続けました（ルカ15・8）。いったい、捜さずに見つけることのできる人が、いるでしょうか。人間を捜し求めておられる神は、人間によって見いだされることを、願っておられます。だから私たちも、探求することなしに神を見いだすことは、ないのです。

それでは、私たちはどんな姿勢、どんな心で神を探求すればいいのでしょうか。まず、私たちは熱心に探求すべきです。「人間はいくらでもルーズに怠慢《たいまん》になれる存在である」とエマーソンは言いました。だから神を求めるとしたら、私たちはもって生まれた怠《なま》けぐせや無関心を乗り越え、探求しようと心に決めなければなりません。何もしないで時間を浪費して過ごす人を神は喜ばれず、熱心に神を求める人には答えてくださいます。神は「ご自分を求める者には報いてくださる方」だからです（ヘブル11・6）。

次に、私たちは謙虚《けんきょ》になって探求しなければなりません。ある人にとっては、怠けぐせや無関心が探求のさまたげになりますが、別の人には高ぶりがさまたげとなります。高慢になることによって、人は自分の理性や知的能力を過大評価し、神ご自身より人間のほうが利口であると考える落とし穴に、結局はまってしまうからです。私たちは自分の理性や知的能力が有限であることを認めなければなりません。神がご自分を明らかにしてくださらないかぎり、どんなに努力しても神を見いだせないという限界に、私たちは気づくべきなのです。ここで私は、人間が有限であることを正しく認識しようといっているので、理性を使って考えることをやめなさいとなど、決していっていません。聖書も「あなたがたは／分別のない馬やらばのようであってはならない」

と述べて（詩篇32・9）、愚かなままでいることを戒《いまし》めます。神を探求するときにはあくまでも、謙《けん》虚《きょ》になることが必要です。イエスはこう言われました。

天地の主であられる父よ、あなたをほめたたえます。あなたはこれらのことを、知恵ある者や賢い者には隠して、幼子《おさなご》たちに現してくださいました。（マタイ11・25）

イエスが子どもを愛された理由の一つは、ここにあります。子どもは高ぶることがなく、偉そうにいばったりしません。批判的精神とも無縁です。彼らは教えられることを喜びます。私たちも小さな子どものように、開放的で、教えられたことを謙虚に受け止める心を持つ必要があります。

第三に、神を探求するとき、私たちは偏見《へんけん》を捨てなければなりません。熱心かつ謙虚に求めるだけでなく、心を開いて公正に探究するのです。学問にまじめに取り組んだことのある人ならだれでも、偏見や独断を持って研究することの危険性を知っています。ところが信仰となると、公正は期せません。キリスト教を探究しようとする人の多くは、たいてい何らかの偏見を持って聖書に向かいます。しかし神は、「あなたがたがわたしを捜し求めるとき、心を尽くしてわたしを求めるなら、わたしを見つける」とおっしゃいます（エレミヤ29・13）。私たちは偏見を捨て、心を開き、もしかするとキリスト教のいうことのほうが正しいのかもしれない、と思って神を求めなければならないのです。
最後に、私たちは従うつもりで探求するべきです。これは探求の姿勢の中で、最も困難を感じさせるものです。しかし、神を求めようとするときには、考えを改めることだけでなく、もしかしたら自分は生活そのものも変えなければならない、と覚悟する必要があります。神の言われることが正しければ、神が私たちに求められる要求は、そのまま受け止められなければなりません。したがって、私たちは一歩身を引いたところで、第三者的な立場を守りながら、神を探求するというような態度をとれなくなります。望遠鏡や顕微鏡《けんびきょう》をのぞいて、「これはすごい」などと言いながら、のぞき見をするようなことは、この場合許されません。いや、のぞき見をする人は、不安に陥《おちい》るでしょう。

われわれは知的に神を吟味《ぎんみ》してみようと思って出発するのだけれど、かえって神が霊的にわれわれを吟味しておられることに気がつくのだ。神とわれわれの役割が、いつか、逆転しているのである。……アリストテレスを研究する場合には、知的に啓発されるだけかもしれない。が、イエスを研究すると、われわれは深刻な霊的不安にどうあっても襲われる。……われわれはこのイエスと相対するとき、内的・道徳的に、彼に対してどうしても一種の心構えをせずにおられなくされるのだ。イエスを知的に、偏《かたよ》らない立場から研究することはできる。けれども、道徳的に中立の立場をとることはできない。……われわれは自分の旗印《はたじるし》を鮮明に打ち出さざるをえなくされるのだ。イエスに触れるときに、われわれはのっぴきならないこういう立場に追い込まれる。われわれは平静な研究的態度で出発するだろう。ところが思いもかけず、道徳的な決断を迫られる羽目に立たされるのだ。

（P・カーネギー・シンプソン著『キリストの事実』一九三〇年）

第三者はこう考えます。「神を探究すると、もしかしたら神を見いだし、イエス・キリストを信じなければならなくなるかもしれない。そうとなると、自分の生活を反省し、変えていく必要が出てくるかもしれない。それは都合が悪い」と、彼は不安を感じ始めるのです。そして、このような不安、恐怖が、彼の探究心を麻痺《まひ》させます。

イエスは不信仰なユダヤ人たちにこう言われました。「だれでも神のみこころを行おうとするなら、その人には、この教えが神から出たものなのか、わたしが自分から語っているのかが分かります」（ヨハネ7・17）。イエスの語られることが人間的なものなのか、神からのものなのか、確かめようと思えばいくらでも確かめられます。しかし、それには条件があります。「神のみこころを行おうとするなら」というのがその条件です。私たちは神を探究するときに、信じるつもりだけでなく、従うつもりにもならなければなりません。

大学を卒業してロンドンに就職したばかりの青年が訪ねてきたときのことを、私は忘れられません。彼は、心から信条を唱えることができなくなったので、教会にかようのをやめたと言いました。もはや彼は、信条を信じていませんでした。彼が自分の気持ちを説明し終えたとき、私はこう尋ねました。「もし私が、あなたが完全に満足するようにそれらの問題に知的な面から答えたら、そのときあなたは根底から自分の生活を変えるつもりがありますか」と。すると彼は苦笑して、顔を赤らめました。彼の本当の問題は知的なものではなく、自分自身の生き方だったのです。

これで、神を探究するために私たちのとるべき態度はおわかりかと思います。探究の結果がどのようなものになろうと、私たちは怠《なま》けぐせ、無関心、高慢、偏見《へんけん》を捨てて、神を求めなくてはなりません。もし、神を見いだすことができなかったなら、それは、求めたけれども見いだせなかったというのではなく、本当に求めていなかったからでしょう。見いだした後《あと》のことを考えるので、求めるつもりになれないようなこともあります。私たちはこれらの障害を乗り越えなければなりません。私たちは素直な心になって、自分のほうに間違いがあるかもしれないということを認めましょう。もしかしたらキリストの言われることこそ、正しいのかもしれません。

あなたがこれらの態度をもって神を求めたいと願うなら、次に、神のことばが記されているといわれる聖書を読んでみてください。特に、イエス・キリストの生涯が描かれている福音書を開いてください。マタイの福音書、あるいはヨハネの福音書から始めてみてはどうでしょう。ほんの少し時間を割《さ》けば、すぐに読めてしまいます。そして一度読み終えたら、今度は少しゆっくり、味わうように読み返してみてください。

もう一つ大切なことを最後に言わせてください。読む前には、ぜひ祈っていただきたいのです。自分の知性と意志が納得したなら、イエス・キリストを信じ、彼に従っていくつもりです、と神に表明するのです。次のように祈ってみてください。

神様。もしあなたが本当におられるのであれば、また、もしあなたがこの祈りを聞きとどけてくださるのなら、私がまじめにあなたを求めていることをどうぞ知ってください。本当にイエスが神であり世界の救い主であるのかどうか、私に教えてください。もし私に本当の納得が与えられるなら、私はイエス・キリストを自分の救い主として信じ、彼に従っていきます。

このような祈りをささげて失望を味わう人はいない、と私は確信しています。神は人に負い目を作るような方ではないからです。熱心に求める人に、神は必ず答えてくださいます。あなたが熱心に求めるなら、あなたは神の答えを期待してもよいのです。キリストの約束を思い出してください。「求めなさい。そうすれば与えられます。探しなさい。そうすれば見出します。たたきなさい。そうすれば開かれます」（マタイ7・7）

第1部　キリストの人格

2　キリスト自身の主張

前章で私たちは「見いだすためには、求めなければならない」ということを考えました。それでは、キリスト教の探究は、どこから始めるのでしょう。ナザレのイエスという歴史上の人物から始めるべきだ、と私は考えます。なぜなら、もしも神が語られ、働かれたとするなら、それはイエス・キリストという人物を通してであり、しかも神はそのことをだれもが十分に理解できるように、完全に成し遂げてくださったと考えるからです。だからこの章の課題は、ナザレの大工イエスが、本当に神であったかどうかを検討することにあります。

私はなぜ、イエス・キリストという人物を中心に、探究しようとするのか。それには大きく分けて二つ理由があります。第一に、キリスト教という名前からしてわかるように、キリスト教はキリストという人物に関する宗教であるからです。キリストの教え、人格、行ったわざこそは、キリスト教の土台です。イエスがもし「私はこういう者である」と言わなければ、イエスがもし「わたしはこのことをするために来た」と言ったのでなければ、キリスト教のすべては根拠のない、偽《いつわ》りを教える宗教であることになります。キリスト教からキリストを取り除いてしまえば、中身は何も残りません。また、キリスト教を学ぼうとする人は、しばしばイエスの思想とか、キリスト教の体系の価値とか、その倫理の意味に目を向けます。しかし、これらがキリスト教の核心である、とは言えません。これらは付け足しにすぎず、第一義的なことではないのです。キリストこそキリスト教の中心です。だからキリストという人物に焦点をしぼりたいのです。

キリストにスポットを当てる第二の理由は、イエス・キリストが神であることが明らかになれば、ほかの多くの問題にも解決が与えられるからです。まず、もしイエスが神であることがわかれば、神の存在は証明されたも同然となりますし、神がどういうお方であるかもわかります。また、イエスが神であるなら、彼の教えは真理となり、私たちはそれに従っていけばいいことになります。さらに、イエスの教えを学ぶことによって、人間の運命・生きる目的・死後の世界のこと・聖書の書かれた意味や目的・十字架や復活の意味などにも、回答が与えられます。この二つの理由から、キリスト教の探究にさいしては、イエス・キリストをその糸口にしなければならない、と私は考えるのです。

さて、イエス・キリストについて学んでいくわけですが、そのためには新約聖書の福音書を開かなければなりません。福音書にはイエスの生涯が記されているからです。私は、この福音書を、神の導きのもとでイエスの弟子たちが書いた神のことばであると信じていますが、読者の皆さんはそこまで認める必要はまだありません。ただし、歴史的な文献であることは認めていただきたいと思います（新約聖書が歴史的な文書であるかどうかについて、文献批評学という方法によって研究する学者はそれを疑うこともあるが、ここではそのことについて論じる紙面がない。新約聖書の信頼性については、F・F・ブルース著『新約聖書は信頼できるか』〔聖書図書刊行会〕を参照）。このことは、だれもが認めることができるでしょう。なぜなら福音書の著者は、みな誠実なクリスチャンであり、彼らは自分が見たこと、聞いたこと、調べたことを正確に書いているからです。ですからここでは、福音書をイエスの生涯と教えを正確に伝える歴史的な文書として、先に進むことにします。

しかし、一つの結論を出すために、強引な方法によって論証を試みる、というようなことをするつもりはありません。つまり、聖書の中にめったに出てこない箇所を論拠にするとか、前後の文脈を無視した引用の仕方をするとか、意味のはっきりしない文章を用いる、というようなことはしません。私は、聖書の中に広範に見いだすことができ、文脈にそった、明白と考えられる事柄のみに基づいて、イエス・キリストの学びをするつもりです。

私たちの当面の目的は、福音書の中にあるいろいろなデータを集めて、イエスが神であるかどうかを検証することです。検証するための資料は少なくとも三つあります。キリスト自身の主張、生活に現された彼の品性、そして死人の中からよみがえったといわれるイエスの復活です。これらのうちの一つだけを取り上げて、決定的な議論をすることはできません。しかし、これらの三つの資料を十分に検討し、まとめあげると、決定的な一つの結論が指し示されるでしょう。

この章では第一の資料、キリスト自身の主張を検証します。イギリス教会の大主教、ウィリアム・テンプルはこう述べています。「今日、キリストについて……その実在性の証拠は枚挙にいとまがないが……まず言いうることは、彼が、途方もないことを主張する、不思議な人物だったということである」。「途方もないことを主張する」ということだけで、イエスが神であったことを証明する、というのは不可能です。しかし、彼の主張の大胆さは検証しておかなければなりません。私は論点を明らかにするために、彼の主張を四つの面から見ていこうと思います。すなわち、イエスの教えの自己中心性、イエスの直接的主張、イエスの間接的主張、イエスの演劇的主張の四つです。

イエスの教えの自己中心性

イエスの主張で最も目につくのは、彼がためらうことなく、何度も何度もぬけぬけと自分自身のことばかりを語ったという事実です。彼はしばしば神を父として語り、また神の国のことについて話をしました。そして、自分こそこの父の「子」であると言い、神の国をつくるためにこの世に来たのだと言いました。人間がその国に入ることができるかどうかは、イエスに対してどのように応答するかにかかっているとも言いました。彼はこの神の国のことを大胆にも「わたしの国」と語っています。

このような彼の教えの自己中心性によって、世界のほかの偉大な宗教家の中で、イエスは一人だけ特別扱いされることになりました。宗教家はふつう、自分というものをなるべく前面に出さないようにするものです。自分を指さすのでなく、「私はこれが真理であることがわかった。これを信じなさい」と言います。ところがイエスはそうではありません。「わたしは真理である。わたしを信じなさい」と言って、なるべく自分を目立たせようとするのです。世界じゅうのあらゆる民族の、どんな宗教の創始者を見ても、そんな自己主張をした人はいません。

イエスの主張についていくつか聖書から引用してみましょう。

わたしがいのちのパンです。わたしのもとに来る者は決して飢《う》えることがなく、わたしを信じる者はどんなときにも、決して渇《かわ》くことがありません。(ヨハネ6・35)

わたしは世の光です。わたしに従う者は、決して闇《やみ》の中を歩むことがなく、いのちの光を持ちます。(同8・12)

わたしはよみがえりです。いのちです。わたしを信じる者は死んでも生きるのです。また、生きていてわたしを信じる者はみな、永遠に決して死ぬことがありません。（同11・25—26）

わたしが道であり、真理であり、いのちなのです。わたしを通してでなければ、だれも父のみもとに行くことはできません。（同14・6）

すべて疲れた人、重荷を負っている人はわたしのもとに来なさい。わたしがあなたがたを休ませてあげます。わたしは心が柔和でへりくだっているから、あなたがたもわたしのくびきを負って、わたしから学びなさい。（マタイ11・28—29）

イエスのとっぴょうしもない主張はまだまだ続きます。「イスラエルの父祖アブラハム（紀元前二〇〇〇年頃《ごろ》の人）はわたしがこの世に来る日を楽しみにしていた」。「エジプトからのイスラエルの解放者モーセ（紀元前一五〇〇年頃の人）はわたしのことについて記した」。「聖書全体はわたしについて証言している」。これらはみな、イエスが主張したことです（ヨハネ8・56、5・46、5・39参照）。福音書記者ルカは、イエスが故郷ナザレを訪ねたときのできごとを詳しく記します。それによると、イエスはユダヤ教の礼拝日に会堂に入り、聖書の巻物《まきもの》を与えられたので立ってそれを読み始めました。朗読箇所はイザヤ書61章1―2節でした。

主の霊がわたしの上にある。
貧しい人に良い知らせを伝えるため、
主はわたしに油を注ぎ、
わたしを遣わされた。
捕らわれ人には解放を、
目の見えない人には目の開かれることを告げ、
虐げられている人を自由の身とし、
主の恵みの年を告げるために。（ルカ4・18―19）

読み終えるとイエスは巻物を閉じ、それを会堂の係りに返して、説教をするためお座りになりました。全会衆は水を打ったように静まり、イエスに目を注ぎました。イエスはその沈黙をやぶると、次のような驚くべきことを語られました。「あなたがたが耳にしたとおり、今日、この聖書のことばが実現しました」（同4・21）。これは、「イザヤが書いたのは、このわたしのことでした」

という意味です。

イエスがこのような自覚を持っておられたとすれば、人びとを自分のところに来るように招かれたとしても、少しもおかしくありません。それは当然のことでしょう。事実彼は、ただ招くだけでなく、「わたしのもとに来なさい」とか「わたしに学びなさい」と命じておられるのです。それだけではありません。「あなたがたが信じ、愛さなければならないのはこのわたしである」とイエスは言うのです。それまでイスラエルの人びとは、信じなければならないのは神である、と教えられてきました。しかし、イエスは「わたしを信じなさい」と命令されました。

神が遣わした者をあなたがたが信じること、それが神のわざです。（ヨハネ6・29）

御子を信じる者は永遠のいのちを持っているが、御子に聞き従わない者はいのちを見ることがなく、神の怒りがその上にとどまる。（同3・36）

また、イエスを信じないことについては、それを罪と断定なさいました。

わたしが「わたしはある」であることを信じなければ、あなたがたは、自分の罪の中で死ぬ

ことになるからです。(同8・24)

罪についてというのは、彼らがわたしを信じないからです。(同16・9)

「わたしを愛しなさい」というイエスのことばにも、イスラエルの人びとは激怒したでしょう。彼らにとって、愛の対象は神のみのはずでした。「あなたは心を尽くし、いのちを尽くし、力を尽くして、あなたの神、主を愛しなさい」(申命6・5)という戒《いまし》めは、ユダヤ人にとって最高・最大・絶対の命令でした。それをイエスは知りながら、「その愛をわたしに向けるべきである」と主張されたのです。ときには、こうもおっしゃいました。「わたしよりも父や母を愛する者は、わたしにふさわしい者ではありません。わたしよりも息子や娘を愛する者は、わたしにふさわしい者ではありません」(マタイ10・37)。いきいきしたヘブル的な語法を用いて、同じことを次のようにお述べになったこともあります。「わたしのもとに来て、自分の父、母、妻、子、兄弟、姉妹、さらに自分のいのちまでも憎まないなら、わたしの弟子になることはできません」(ルカ14・26)

聖霊についてのイエスの発言を、取り上げないわけにもいきません。イエスは十字架にかかり、死んで、三日後によみがえった後《のち》、天に帰らなければならないと弟子たちに予告しておられましたが、自分が地上を去った後《あと》、イエスと同じような働きをする「別な方」を派遣する、との約束もしておられました。この「別な方」とは「聖霊」（神の霊）のことです。イエスは聖霊のことを、しばしば、「慰め主」とお呼びでした。この「慰め主」（ギリシア語でパラクレートス）というのは法律用語で、弁護の役目をする法廷弁護人、代言者、助言者を意味する語です。これは聖霊が、イエスが天に帰られた後《あと》、世界の人びとにイエスに代わって証言することを任務となさる、ということです。

わたしが父のもとから遣わす助け主、すなわち、父から出る真理の御霊が来るとき、その方がわたしについて証ししてくださいます。（ヨハネ15・26）

御霊はわたしの栄光を現されます。わたしのものを受けて、あなたがたに伝えてくださるのです。（同16・14）

イエスはこのように言って、聖霊が世界に向かってあかしをし、教会に神に関する事柄をお示しになることをも、ご自身の語りかけと働きの延長である、と彼は主張なさいました。

最後に、イエスの自己中心性をよく表す彼のした預言を、もう一つ挙げておきましょう。「わたしが地上から上げられるとき、わたしはすべての人を自分のもとに引き寄せます」（ヨハネ12・32）。

「上げられる」とは十字架にかけられることですが、以後イエスの十字架は磁石《じしゃく》のようにその道徳的影響力で人びとを引き寄せる、と彼は大胆に主張なさったのです。引き寄せられる人は、神や教会や真理や正義にではなく、イエスの十字架に、イエスご自身に向かって来る、という意味です。もし彼らが神や教会や真理や正義に導かれるとするなら、それはただイエス・キリストを通してのみそこに到達することになります。

イエスの証言をいくつか挙げて彼の自己中心性を見てきましたが、ここで確認しておかなければならないことがあります。それは、このような大胆な主張が、「謙遜《けんそん》でありなさい」と命令した当の人によってなされていることです。あたかも、自分は謙遜になる必要はない、と考えていたかのようです。自分の言っていることを行わないのは、無責任な人のすることです。それでは、イエスは無責任だったのでしょうか。いいえ。彼は無責任だったのではなく、人間とは異なる規準によって生きていたため、自分の語ったことを行ってみせる必要がなかっただけなのです。

イエスの直接的主張

イエスの生まれるずっと以前から、イスラエルの預言者たちはこの世にメシア（救い主）が来る、と預言していました。イエスは、自分がこのメシアであり、何世紀にもわたって預言者らが語り続けてきた、メシアによる神の国の実現のため、来たのだと信じていました。そのことは、イエスのことばを見るとわかります。イエスは三十歳頃《ごろ》から公《おおやけ》に伝道を始めましたが、その第一声はまさにそのことを示しています。「時が満ち、神の国が近づいた」（マルコ1・15）。「わたしがこの世に来たことによって時が満ち、神の国が来つつあり、預言が成就《じょうじゅ》した」と彼は考えていたのです。それは、自分のことを「人の子」と呼んでいたことからもわかります（マルコ14・61―62）。この「人の子」とは、紀元前六世紀に活躍した預言者ダニエルの見た幻《まぼろし》に関係したことばです。

見よ、人の子のような方が
天の雲とともに来られた。
その方は「年を経た方」のもとに進み、
その前に導かれた。
この方に、主権と栄誉と国が与えられ、
諸民族、諸国民、諸言語の者たちはみな、
この方に仕えることになった。
その主権は永遠の主権で、
過ぎ去ることがなく、

その国は滅びることがない。（ダニエル7・13―14）

ダニエルはいずれメシアが来られると預言して、その方を「人の子のような方」と呼びました。ところが、イエスは「わたしこそまさにその人の子である」と言ったのです。さらに、十字架にかけられる前夜、ユダヤ人に裁判にかけられ、大祭司に「おまえは神の子なのか」と尋ねられたとき、イエスはためらうことなく「あなたがたの言うとおり、わたしはそれです」と答えました（ルカ22・70）。この「神の子」という表現も、旧約聖書に記されているイエス・キリストに関する預言の一つです（詩篇2・7）。そのうえ彼は、紀元前八世紀に活躍したイザヤが預言した「苦難の主のしもべ」（イザヤ53章）の生涯こそ、救い主たる自分が使命とするものであると理解していました。このように、イエスは自分自身を、旧約聖書に預言されていたメシア（メシア〔ヘブル語〕、キリスト〔ギリシア語〕、ともに「救い主」の意。すなわち、イエス・キリストとは「イエスは救い主」ということを意味する）であると受け止めていたのです。

したがって、イエスが自分の弟子たちに対して、「イエスはキリストである」と信じるようになることを訓練の第一目標としたのは、当然であったのです。イエスのことを、バプテスマのヨハネ（イエスと同世代の預言者）と言う人もいました。紀元前九世紀に活躍した預言者エリヤの再来だと言う人もいました。また、単なる預言者の一人だと言う人もいました。ところが弟子たちは

「あなたは、キリストです」と言いました。彼らはイエスを、預言者たちが指し示してきたメシアであると認め、イエスご自身もそのように認めることは正しいとなさったのです。

このように、イエス・キリストという人物は、ご自分のことを「成就《じょうじゅ》する者・完成する者」と理解していたのです。「あなたがたが見ているものを見る目は幸いです。あなたがたに言います。多くの預言者や王たちは、あなたがたが見ているものを見たいと願ったのに、見られず、あなたがたが聞いていることを聞きたいと願ったのに、聞けませんでした」（ルカ10・23―24）。これは、あるときイエスが、ひそかに弟子たちに語ったことばです。

ところで、いま検討しているイエスの直接的主張は、彼が救い主であることとともに、神性（神であること）にも触れています。しかも、単にメシアだから当然神の子でもあると論じるのでなく、彼と父なる神との特別な関係に言及して、そう言うのです。この点は、三つのことによって確かめられます。第一に、イエスと「父」なる神との密接な協力関係の主張。第二に、弟子たちに対するイエスの教育。第三に、イエスの主張に対するユダヤ人たちの反応です。

「父」なる神とご自分が密接な協力関係にあることを、イエスはしばしば主張なさいました。少年のときから、すでに彼の中にはその自覚がありました。十二歳のとき、ナザレから数日かけて都エルサレムに両親とともに行き、過越《すぎこし》の祭りに参加しました。祭りを終えて両親は帰途につきましたが、なぜかイエスはエルサレムに残り、神殿の中で大人相手に議論をしていました。イエスの両親はそそっかしかったのか、イエスのいないことに気づいたのが一日あと。あたふた捜し回って、ようやく三日後、神殿の中にいたイエスを見つけました。

「どうしてこんなことをしたのですか。見なさい。お父さんも私も、心配してあなたを捜していたのです」と母が言うと、イエスはこう答えました。「どうしてわたしを捜されたのですか。わたしが自分の父の家にいるのは当然であることを、ご存じなかったのですか」。両親にはこのことばの意味が、わかりませんでした。しかし、イエスのほうでは、自分と父なる神の特別な関係をそのときすでに自覚しておられたのです（ルカ2・41—51）。彼は次のように言ったこともあります。

わたしの父は今に至るまで働いておられます。それでわたしも働いているのです。

（ヨハネ5・17）

わたしと父とは一つです。（同10・30）

わたしが父のうちにいて、父がわたしのうちにおられる。（同14・11）

すべてのことが、わたしの父からわたしに渡されています。父のほかに子を知っている者はなく、子と、子が父を現そうと心に定めた者のほかに、父を知っている者はだれもいません。

（マタイ11・27）

弟子たちに対するイエスの教育からも、彼と父なる神の特別な関係はうかがい知れます。イエスは弟子たちに、神のことを「父」と呼ぶように教えておられました（マタイ6・9）。イエスにとって神が「父」であったように、イエスを信じる者にとっても神は「父」である、とお教えになったのです。しかし、一見同じに見えるこのことばに、実は大きな違いがあります。彼を信じる者と父なる神との関係は、いわば養子みたいなものですが、イエスと父なる神との関係は実父と実子の関係なのです。父なる神を呼ぶときに、イエスは決して「私たちの父」とは言いませんでした。イエスを信じる者にとって神は、あくまでも「私たちの父」ですが、イエスにとっては「わたしの父」だったのです。死からよみがえった後《のち》、マグダラのマリアに出会ったイエスは、こう言いました。「わたしは、わたしの父であり、あなたがたの父である方、わたしの神であり、あなたがたの神である方のもとに上る」（ヨハネ20・17）

イエスと父なる神の特別な関係を主張する第三の根拠は、イエスの発言にユダヤ人たちが示した反応です。彼らにとって神は特別な存在でした。いっさいを超越した絶対者でした。ところが、イエスはこの方を「わたしの父」と呼んだのですから、彼らが激怒したのは言うまでもありません。「わたしの父」と呼ぶことは、神に対する冒瀆《ぼうとく》以外の何ものでもありません。ユダヤの法律で、神を冒瀆する者は死刑にされるくらいだったから、イエスも殺されなければならない、と彼らが考えたのも無理はありません。もちろん彼らは、イエスこそ神を「わたしの父」と呼ぶことのできる方である、ということを理解できなかったのですが。このようなユダヤ人の反応を知りながら、それでもイエスは、ご自分と父なる神を同一視するようにと人びとに教えたのです。

あなたがたがわたしを知っているなら、わたしの父をも知ることになります。

（ヨハネ14・7）

わたしを見た人は、父を見たのです。（同14・9）

わたしを信じる者は、……わたしを遣わされた方を信じるのです。（同12・44）

わたしを受け入れる人は、……わたしを遣わされた方を受け入れるのです。（マルコ9・37）

わたしを憎んでいる者は、わたしの父をも憎んでいます。（ヨハネ15・23）

　ここまで、イエスの直接的主張として、自分と父なる神の特別な関係を取り上げてきました。ここで、もう二つの点を見てみようと思います。その第一は永遠性の主張です。ヨハネの福音書8章の後半にこのようなできごとが記されています。あるときイエスは、ユダヤ人と論争していて、こう言いました。「まことに、まことに、あなたがたに言います。だれでもわたしのことばを守るなら、その人はいつまでも決して死を見ることがありません」。このイエスのことばには、さすがのユダヤ人たちもあぜんとして、言いました。「あなたが悪霊につかれていることが、今分かった。アブラハムは死に、預言者たちも死んだ。……あなたは、私たちの父アブラハムよりも偉大なのか。……あなたは、自分を何者だと言うのか」。あきれ返ったユダヤ人たちのこの質問に、イエスは答えました。「あなたがたの父アブラハムは、わたしの日を見るようになることを、大いに喜んでいました。そして、それを見て、喜んだのです」

　だんだんユダヤ人たちの心のうちに怒りが込み上げてきました。「あなたはまだ五十歳になっていないのに、アブラハムを見たのか」

　するとイエスは、彼らのこの質問に、意味深長な答えをなさいました。「まことに、まことに、あなたがたに言います。アブラハムが生まれる前から、『わたしはある』なのです」

はらわたが煮《に》えくり返ったユダヤ人たちは、いきなり石を取り上げ、イエスに投げつけ始めました。イエスはそれで身を隠し、その場から立ち去ったのでした。

石を投げつけるというのは、単に「怒った」ということではありません。ユダヤの法律に定められていた死刑の方法に訴えたということでした。こう書いてあります。「主の御名を汚す者は必ず殺されなければならない。全会衆は必ずその人に石を投げて殺さなければならない」（レビ24・16）。しかし、不思議に思いませんか。いったいイエスのことばのどれが、神に対する冒瀆に当たるのでしょう。「アブラハムが生まれる前から」生きていたということでしょうか。ところがこのことは、このとき初めて言ったわけではなく、しばしば言ってきたことなのです。「わたしは天から下って来た」とか（ヨハネ6・42）、「生ける父がわたしを遣わし」などがそれです（同6・57）。

ところが、ユダヤ人たちはこれらの発言が死刑に当たるとは考えなかったのです。神への冒瀆《ぼうとく》であると彼らが考えたのは、「わたしはある」というイエスのことばでした。彼は「わたしはいた」と言わないで、「わたしはある」と言ったのです。この違いは、ユダヤ人の思想を知らず、ギリシア語を読むことのできない一般の現代人には、よくわかりません。もちろん、過去形と現在形の違いくらいはわかります。そのことからだけでも、イエスが、アブラハムの生まれる前から現在に至るまで永遠に存在している、と主張していることはわかります。しかしそこには、もっと深い意味があるのです。

モーセがエジプトからイスラエルを解放したことは前に述べましたが、このモーセが解放者として神に召し出されたときのことに、いまさかのぼらなければなりません。そのとき彼は羊飼いでした。神はモーセを呼ばれ、「今、行け。わたしは、あなたをファラオのもとに遣わす。わたしの民、イスラエルの子らをエジプトから導き出せ」と言われました（出エジプト3・10）。しかし、「私にそんなことができるだろうか」と恐れおののくモーセは神に、その名を尋ねました。すると神はモーセに答えて「わたしは『わたしはある』という者である」と言われました（同3・14）。「わたしはある」あるいは「わたしはいる」というのは、神がご自分でその名前を言うときにお使いになる言い回しだったのです。すなわち、イエスが「わたしはある」ということばを使ったとき、「わたしはモーセに現れたあの神である」と言おうとしておられたことになるのです。わたしは神である、というイエスの主張は、本当にはっきりしたものでした。

ご自分が神であることを示すイエスの直接的主張の第二の例は、復活後のできごとに見ることができます。復活については後《のち》ほど第4章で検討するつもりなので、ここでは復活が実際に起こったと仮定して話を進めます。それはイエスの復活後八日目のことでした（ヨハネ20・26―29）。そのとき、ほとんどの弟子たちは死からよみがえったイエスを目にしていました。ところが弟子の一人のトマスだけは、そのイエスを見ていませんでした。ほかの弟子たちは「私たちは主を見た」と言ったのに、死んだイエスがよみがえったとは信じられなかったトマスは、こう言い返しました。「私は、その手に釘《くぎ》の跡を見て、釘の跡に指を入れ、その脇腹《わきばら》に手を入れてみなければ、決して信じません」

その八日後、突然イエスが姿を現し、トマスにこう語られました。「あなたの指をここに当てて、わたしの手を見なさい。手を伸ばして、わたしの脇腹に入れなさい。信じない者ではなく、信じる者になりなさい」。トマスはそのときイエスに向かって、ただ「私の主、私の神よ」としか言えませんでした。イエスはトマスのこのことばを当然のこととして受け入れ、「あなたはわたしを見たから信じたのですか。見ないで信じる人たちは幸いです」とおっしゃいました。彼は自分が主であり、神であることを、はっきり自覚しておられたので、トマスが「私の主。私の神よ」と言ってご自身を礼拝した行為を、とがめることをなさらなかったのです。

イエスの間接的主張

イエスはご自分が神であることを何度か直接的に主張しました。と同時に、間接的にも主張なさいました。ことばによって語る以上の雄弁さと明白さをもって、ご自分の行動によっても、ご自身を主張されたからです。本来なら神にしかできない、神のみがすることを、自分がすべきこととして活動なさってです。この例を、ここでは四つ見ておくことにしましょう。

第一は、「わたしは罪を赦すことができる」という主張です。聖書にはイエスが罪を赦した二つの例を載せています（マルコ2・1―12、ルカ7・36―50）。マルコの福音書では、イエスのもとに中風《ちゅうぶ》の病人が連れてこられています。その病人は自分では歩くことができなかったのか、数人の友人に担架のまま運び込まれました。イエスの周《まわ》りを多くの人がとり巻いていたのでしょう、担架のままでは近づくことができず、友人たちは屋根に穴を開けてその病人をイエスの前につり下ろしました。イエスはその病人を見て、彼の本当の必要が心の問題であることを知ると、「子よ、あなたの罪は赦された」と宣言なさいました。

ルカの福音書には一人の女が出てきます。彼女は周《まわ》りの人から、「罪深い女」と呼ばれる売春婦でした。イエスがあるパリサイ人の家で食事をしていると、その女がイエスのうしろに来て、涙でイエスの足を洗い、自分の髪の毛でそれをぬぐい、それから足に口づけをし、香油を注ぎました。イエスはこの女にも、「あなたの罪は赦されています」と言われました。

二度とも、イエスのそばにいた人は心中でつぶやきました。「いったいこいつは何様なのだ。神を冒瀆《ぼうとく》するにも、ほどがある。神以外にだれも、罪を赦すことなど、できないはずなのに」。当然の疑問です。私たちの人間関係において、私にひどいことをした人を私は赦すことができますが、神に対する罪をいったいだれが赦すことができるでしょう。それは神だけにできることです。イエスは罪を赦すという行為を通して、このときご自分が、神に等しい者であることを、主張しようとなさったのです。

第二の例は、イエスが永遠のいのちを与える、と主張されたことです。彼は自分のことを「いのち」とか「いのちのパン」また「わたしはよみがえりです。いのちです」と言いました。また、イエスを信じる人の彼に対する信頼の姿勢を、ぶどうの枝がその幹《みき》から養分を得ることにたとえています（ヨハネ15・45）。サマリアの女に対しては「生ける水」を提供し（同4・10）、富める青年にはご自身に従ってくるならば永遠のいのちを与えると約束しました（マルコ10・17―21）。そして自分のことを、羊のためにいのちを投げ出すだけでなく、いのちを与える「良い牧者《ぼくしゃ》」であ る、とすら言いました（ヨハネ10・14）。さらに、神が選んだすべての人にいのちを与える権威を、神から委《ゆだ》ねられている、とも言いました（同17・2）。

イエスのこの大胆な主張がよくわかったので、少しも疑うことなく弟子たちはそのことを信じました。ペテロは次のように言っています。「主よ、私たちはだれのところに行けるでしょうか。あなたは、永遠のいのちのことばを持っておられます」（ヨハネ6・68）。イエスの発言に多くの人がつまずいて、離れ去っていこうとしたときでも、永遠のいのちを与えることができるイエスのもとから弟子たちは離れていきませんでした。

イエスの間接的主張の第三は、彼が真理を語るとされたところに見いだせます。確かに彼は真理を誇りました。

この人に与えられた知恵や、その手で行われるこのような力あるわざは、いったい何なのだろう。この人は大工ではないか。（マルコ6・2—3）

ユダヤ人たちは驚いて言った。「この人は学んだこともないのに、どうして学問があるのか」（ヨハネ7・15）

それとともに私たちが注意しなければならないのは、彼の教え方です。

これまで、あの人のように話した人はいませんでした。（ヨハネ7・46）

人々はその教えに驚いた。そのことばに権威があったからである。（ルカ4・32）

イエスがこれらのことばを語り終えられると、群衆はその教えに驚いた。イエスが、彼らの律法学者たちのようにではなく、権威ある者として教えられたからである。（マタイ7・28—29）

イエスのことばを聞いた人はみな、彼の権威に打たれました。彼の権威ある語り方は律法学者たちのようではなく、また預言者たちのようでもなかったからです。律法学者たちは人びとを教えるときに必ず出典を明らかにしました。預言者たちは主なる神の名によって語りました。

ところがイエスはというと、「まことに、まことに、あなたに言います。……」です。「どこそこにはこのように書いてある」とか「このように主は言われる」とは言わなかったのです。自分の権威に基づいて、いつも語られたのです。確かにあるところでは、自分が教えているのは自分自身の教えではなく、自分を遣わされた父なる神の教えであるとおっしゃいました。しかし、自分の語ることがそのまま、神のことばであり、自分はその確信を自由に語りうるということを十分にご存じでした。

一度だって自分の語ったことにためらいを感じたり、言い訳をしたりなさいませんでした。前に語ったのと矛盾《むじゅん》したことを言ってしまったり、前言を取り消し、訂正をなさったこともありません。彼はいつでも自分のことばを、神のことばとして語っていたのです。「神が遣わした方は、神のことばを語られる」（ヨハネ3・34）

彼は未来に起こるできごとを確信をもって話し、私たちにはとうてい無理な道徳をいささかもためらわず語りました。「明日のことまで心配しなくてよいのです」、「さばいてはいけません。自分がさばかれないためです」などと。また、「求めなさい。そうすれば与えられます」とも約束なさいました。必ずそうなる、という自信をもって。あるところでは、永遠に滅びることがない神の律法と同様に、自分のことばは決して無にならないと言っています。そしてかつてはユダヤ人の運命が、預言者たちを通して語られる主のことばに彼らがどう応答するかにかかっていたように、今後人びとの運命はイエスの語られることばに彼らがどう応答するかにかかっていると警告なさいました。

間接的主張の第四は、イエスがこの世界をさばくということです。この主張はイエスのことばの中でも最も衝撃的です。ちょっと私たちの想像を超えています。イエスはたびたび、この世の終わりに自分は再び来る、と言いました。さらに、最後の審判の日は、自分が再び来る日まで延期される、とも言いました。その時が来ると、イエスは審判を下すため栄光の座につき、すでに死んだ者も生きている者もすべての人を、ご自分の前に集めます。それから皆を二つに分けます。その一方には、こう宣告します。「さあ、わたしの父に祝福された人たち。世界の基が据えられたときから、あなたがたのために備えられていた御国を受け継ぎなさい」。しかしもう一方には、「のろわれた者ども。わたしから離れ、悪魔とその使いのために用意された永遠の火に入れ」とさばきのことばを宣告なさるのです（マタイ5・22、28―29、25・31―46）。

イエスは自分が審判者であると主張するだけでなく、自分が審判の基準であるとも言います。天国に行くか、あるいは永遠の滅びに投げ込まれるかは、イエスを信じる者たちをどのように取り扱ったか、または彼のことばにどのように応答したかによって決まると言いました。もしあなたが人びとの前で「わたしはイエスを信じています」と告白するなら、イエスも父なる神の前であなたを、「天国に入ることができる者」としてくださいますが、もしイエスなんか信じないと言うなら、最後の審判のときにあなたは、天国から閉め出されます。イエスも、「わたしはおまえたちを全く知らない」と言うでしょう（ヨハネ12・47―48、マタイ10・32―33、7・23）。

イエスのこの主張の重大さはどんなに強調してもしすぎることはありません。もし私がこれと同じことを教会で説教したら、どうなるでしょう。「皆さん。どうか私の言うことをよく聞いてください。あなたの永遠の運命は、あなたがそれをどう聞き取るかにかかっています。私は世の終わりに、あなたがたをさばくために、再び来ます。そして、そのときあなたがたがどうなるかは、いま、あなたがたが私のことばに聞き従うかどうかにかかっているのです。……」私はすぐお払い箱になって、警察か精神科病院のお世話になることでしょう。イエスが正気を失った人でないなら、私たちは彼を、この世をさばく唯一の方、神、としなければならないのです。

イエスの演劇的主張

イエス自身の主張として最後に考えたいのは、彼の行った奇跡についてです。ここでは奇跡のことを演劇的主張と呼ぶことにしましょう。

イエスの行った奇跡は超自然的で、私たちの理性ですぐに納得できるというものではありません。ですからまず奇跡の可能性を論証したほうがよいのかもしれませんが、いまそれについて十分な説明をする余裕はありません。そこで、ここでは奇跡が意味していることを指摘するにとどめておきます。

奇跡は確かに不思議なできごとです。しかし単に「不思議」なだけでなく、イエスの行った奇跡は「しるし」として意味がありました。彼は一度だって、自分の力を見せつけたり人びとを自分に服従させようという利己的な動機から、奇跡を行ったことはありません。思い付きでやったこともちろんありません。奇跡は物理的な法則を超越していましたが、それ以上にイエスの権威を道徳的に高める働きをしました。言ってみれば、奇跡は演出されたイエスの教えであり福音でもあったのです。単にことばだけで語るのではなく、自分の主張を目に見えるかたちで悟らせようとしたものなのです。

イエスの弟子であり、ヨハネの福音書の著者でもあるヨハネはこのことをはっきりと理解していました。彼はその福音書をイエスの行った奇跡（しるし）を中心に組み立て、それらのしるしと、「わたしは……です」というイエス自身の神宣言を結びつけています。最初の奇跡は、ガリラヤのカナという小さな町で行われた結婚披露宴で、水をぶどう酒に変えるというものです。水がぶどう酒に変わったからといって、人の徳が高められるわけはありません。むしろこの奇跡は「しるし」として意義を持っているのです。

普通、宴会の主催者は、結婚披露宴で人びとが楽しむように十分な量のぶどう酒を用意しなくてはなりません。ところが披露宴の最中に、かんじんなぶどう酒がなくなってしまいました。イエスはその披露宴のために水をぶどう酒に変える奇跡を行ったのですが、その経緯《けいい》を見ておきましょう。

彼は披露宴の給仕をしている者たちに命じました。「水がめを水でいっぱいにしなさい」と。その水がめはユダヤ人のきよめのしきたりに使うかなり大きいものでした。給仕たちは水を縁までいっぱいにして、披露宴の幹事のところへ持って行きました。その間に、水はぶどう酒に変わったのでしょう。幹事がそれをなめてみると、それが実においしい上質のぶどう酒であるのに驚いて、「みな、初めに良いぶどう酒を出して、酔いが回ったころに悪いのを出すものだが、あなたは良いぶどう酒を今まで取っておきました」と言いました。

この「水」が意味しているのは、「ユダヤ人のきよめのしきたり」と書かれていることからわかるように、旧約聖書時代からの古い宗教です。それに対してぶどう酒は、イエスの宗教を意味しています。彼はこの奇跡を行うことによって、イエスの与える救いが、本当に人びとを喜ばせ楽しませるものなので、古い宗教はものの役に立たないことを、「しるし」を通して印象深く示そうとされたのです。これによってイエスには、新しい秩序を創始する力と権威があることが、明らかになりました。それは、彼こそが救い主であることを、人びとに示したのです（ヨハネ2・1―11）。

たった五つの大麦のパンと小さい魚二匹で五千人以上の人びとに食物を与えたのも、単に偉大な力を示すだけでなく、イエスが人びとの心の飢《う》えや渇《かわ》きをいやし満たす、ということを示す奇跡でした。彼はこの奇跡の後《あと》で長い説教をし、繰り返し「わたしはいのちのパンです」と語りました（ヨハネ6章）。同じく、ヨハネの福音書9章には、イエスが生まれつきの盲人をいやしたという奇跡があります。このときイエスは「わたしが世の光です」とお語りになってから、その盲人の目をいやしておやりになりました。生まれつき視力に障害のある者をいやすことができるほどだとすると、神を見ることができる霊的な目を私たちに与えるのも、彼には造作《ぞうさ》がないはずです（ヨハネ9・1―7）。

また、信じられないかもしれませんが、死んで四日たち臭《くさ》くなりかけていたラザロという青年を生き返らせるという奇跡も、イエスはなさいました。このときも彼は、「わたしはよみがえりです。いのちです。わたしを信じる者は死んでも生きるのです」と宣言してから、死人をよみがえらせました。これも「しるし」だったのです。ここでは肉体のいのちは、たましいのいのちを象徴するものとなっています（ヨハネ11・1―44）。

これらの奇跡はすべて、霊的なことを教える「たとえ」だといえます。人間はみな霊的に飢《う》え、渇《かわ》き、目が見えなくなっており、死んでいるとすらいえるのです。しかし、イエス・キリストはそのような者に、いやしと視力の回復、新しいいのちを与えるのです。

結論

ここまで述べてきたイエス自身の主張は、ナザレの大工の教えを学ぼうとする者にとっては、どれも無視できないものばかりです。あなたはこれらイエスの主張を、福音書を書いた著者たちの創作や、イエスを信じた結果思わずもらした誇大な表現と考えるでしょうか。しかし、これらの主張の多くはどの福音書にも記されており、それらを著者たちの空想の産物とするにはあまりにも首尾《しゅび》一貫《いっかん》しており、創作とは見なせません。

イエス自身が主張したことはこれで明らかになりました。しかし彼が主張したからといって、だからイエスは神である、と結論することはできません。自己主張はおうおうにして間違っています。とはいっても、これらの主張を知ればそこから何らかの結論が引き出される、というのは当然のことです。すなわちイエスは、偉大な聖人であるか、あるいは正気を失った人であるかの、どちらかのはずです。もし彼が教えようとした自分自身のことがまったく見当違いであれば、私たちは彼を偉大な教師と見なすことができなくなり、精神を誇大妄想《こだいもうそう》に冒《おか》されている、と考えなければなりません。多くの学者たちはそう考えています。

これらの主張は、普通の人物がしたのだったら、当然、自己中心的で尊大な、誇大妄想狂のそしりをまぬかれぬものとなったであろう。

（P・T・フォーサイス著『現世と来世』一九四七年）

彼の道徳的教訓の深遠さと穏健さ、特に（いま一言つけ加えるなら）その痛烈さを思うなら、それと、それに対照的な彼の神学的教訓の背後にある、奔放《ほんぽう》な誇大妄想狂的な発言との間の矛盾《むじゅん》は、彼をそのまま神としないなら、決して、満足のゆく解答を与えられることがないと考えられる。（C・S・ルイス著『奇跡』一九四七年）

それでは、彼は人びとをだまそうとしたペテン師だったのでしょうか。それとも、持ってもいない権威をふりかざして人びとに、自説を押しつけるだけの人間だったのでしょうか。そう考えるのは、とても難しいことです。なぜならイエスには、たくらみがなさすぎるからです。彼は人びとの偽善をあばき出し非難するばかりか、自分自身は十字架につけられて殺されるまで、真実な生き方を貫《つらぬ》き通しました。人は、イエスは人をだまそうとしなかったが、間違うことぐらいはあったろう、と言うかもしれません。この可能性を認める人は、確かにかなりいます。しかし少なくとも、妄想に取りつかれて自分を神とする人びとの特徴とされる異常な点を、彼のうちに見いだすことはできません。かえって、イエスの人格や性格、品性は、彼の主張を裏づけ、支持しているように思われます。そこで、次に私たちはこの点について研究をしたいと思います。

3　キリストの品性

数年前、一通の手紙をもらいました。以前、ちょっとだけ会ったことのある青年からでした。開けてみると、それにはこう書いてありました。「私は最近、一大発見をしました。全能の神には二人の御子がいたのです。その一人はイエス・キリスト。もう一人は私だったのです」。おかしいな、と思って差出人の住所をもう一度見ると、有名な精神科病院から出された手紙でした。

自分を偉人だとか神と信じ込む人は、意外にたくさんいます。精神科病院は、自分がユリウス・カエサルだとか、総理大臣、天皇、イエス・キリストである、と思い込んでいる人たちでいっぱいです。もちろん、彼らの言うとおりを信じる人はいません。同室の患者の幾人かを弟子にすることができてもです。彼らには自分が語るとおりの生活をすることができないので、ほかの人を納得させられません。たとえ「自分はキリストだ」と言っても、自分の行いでその主張を否定しているのです。

彼らと比べて、イエスはどうでしょう。前章ではイエス自身の主張を検討しましたが、彼の実生活はその主張に見合っているでしょうか。私は、彼の行いが、彼を信じようとする者の信仰をますます強力に裏づけると考えます。なぜなら、彼の主張と実生活は、矛盾《むじゅん》していなかったからです。イエスとしても、自分の途方もない主張の確かさを証明するには、みずからがその主張どおりの生き方をしており、それを語るにふさわしい者であることを、人びとに示さなければなりませんでした。彼の品性がその主張の正しさを裏づけているとここで言ってしまうのは、早急《さっきゅう》かもしれません。しかし、彼の主張が一般の人とまったく違っていたように、彼の行いや品性も私たちのとはまったく違っていた、と言うぐらいのことは許されるでしょう。ジョン・スチュアート・ミルは、イエスについてこう述べています。

彼は、その先駆者に比べても、後継者に比べるとなおさら、たいへん変わった人物であったといわなければならない。

（W・H・グリフィス・トーマス著『キリスト教はキリスト』一九〇九年）

直観的に、われわれは彼を他の人物と同列には扱えないと思うだろう。孔子《こうし》に始まりゲーテに終わる偉人のリストの中に彼を見いだすような場合でも、それを正統信仰からの逸脱《いつだつ》とする前に、分別を欠いたやり方として、われわれは感情を害されるのである。アレクサンドロス大王やシャルルマーニュ、ナポレオンであればともかく、イエスを世界の偉人の一人に数えるのは間違いである。彼は唯一者である。彼は、ただ独り、イエスとしてのみ、認められなければならない。補足は不要である。……彼はわれわれの分析をはるかに超えた方なのだ。知性によって彼を計ろうとすると、人間を計るわれわれの規準はただただ混乱させられる。彼に関するかぎり、われわれは批評を断念しなければならない。ただ畏敬《いけい》の念をもって、われわれの思いは満たされるのみである。チャールズ・ラムのことばは適切である。「もし、シェイクスピアがこの部屋に入ってくれば、私たちは皆して立ち上がり、歓声を揚げて彼を迎えるであろう。だが、もしあの方が入ってこられるなら、私たち一同はただひれふして、その み衣《ころも》のはしに口づけをするのみである」と。

（カーネギー・シンプソン著『キリストの事実』一九五〇年）

私がこれから明らかにしようとしているのは、道徳の世界でイエスは他の人と比べることができない存在であったということです。史上最大の傑出《けっしゅつ》した人物だと言いたいわけではありません。イエスとだれかを比べて、どちらがより優れているかなどと、言いたくはないのです。より優れている、最も優れている、というような比較の問題ではなく、相異をはっきりさせたいだけです。イエスも「なぜ、わたしを『良い』と言うのですか。良い方は神おひとりのほか、だれもいません」と、彼のもとに来たある役人に向かって言っています（ルカ18・19）。

私たちはまさにこのイエスに向かって、「あなたは、他の人よりよいとか、最良であるとかいうことのできない方です。あなただけが、神のみに見いだされる絶対善を行うことのできる、よい方だからです」と応答しなければならないのです。この主張はひどく独善的に聞こえるかもしれません。いったいどんな理由があって、イエスは絶対であるといえるのか、と反論なさるかもしれません。

すべての人は、だれにも克服できない先天的な「罪」という病気に冒《おか》されています。私たちは生まれつきこの病魔に取りつかれています。それを悲しまない人はいません。ところが、聖書は「イエスには罪がなかった」と言います。もしナザレのイエスに罪がなかったとすれば、彼は比較を絶した絶対的な方である、というのも当然のこととなります。


彼の品性には、最大の奇跡とさえ比べられない、驚くべき何ものかがある。

（テニスンよりの引用。シンプソン上掲書による）


イエスがわれわれ罪人とは別格な方であったというのは、決して見逃してはならない重大な点である。これはキリストによる救いの前提で、これなくしてキリストを救い主と認めることはできない。彼自身もこのことを主張できなければ、われわれと同様に救われなければならない存在となるからである。（ジェームズ・デニイ著『神学研究』一九〇六年）

イエスに罪を見いだすことができないということを示す証拠は、次の四項目に分けて考えてみるといいでしょう。イエス自身の評価、イエスの弟子たちの評価、イエスの敵対者たちの結論、私たちの評価、です。

イエス自身の評価

あるとき、不倫の現場で捕《つか》まった一人の女がイエスのもとに連行されました。ユダヤの律法では、こういう女は石打ちという刑を受けて殺されることになっていました。イエスが愛の教えを説いていることは皆が知っていました。イエスの敵対者たちは、この女をイエスのところに連れていって、イエスがどうするかを試そうとしたのです。もし「石打ちの刑にしなさい」と言えば、イエスに愛の教えはどうなったのかと追及できます。もし「赦してやりなさい」と言えば、律法にそむくと言ってイエスを告発できます。

このときイエスは、人びとに言いました。「あなたがたの中で罪のない者が、まずこの人に石を投げなさい」。彼らはそのことばを聞くと、年長者から順に、一人、また一人と出て行き、最後にはイエスと女だけが残されました（ヨハネ8・1―11）。イエスはむろん、そこから立ち去りませんでした。このすぐ後《あと》にイエスは、こんな質問もなさいました。「あなたがたのうちのだれが、わたしに罪があると責めることができますか」と（同46節）。この質問に対して、あえて返答する者はいませんでした。イエスが責める側《がわ》になると皆が逃げ去り、責められる側に立つときには堂々とその場に踏みとどまり、だれからも非難されなかったのです。彼の周《まわ》りにいた人びとには罪がありましたが、彼には罪が見いだせませんでした。彼は、自分の父である神の意志を完全に行っていました。「わたしは、その方（父である神）が喜ばれることをいつも行うからです」（同29節）と、彼は言えたのです。

イエスのほかにも、罪がないと誇る人びとはいます。パリサイ人たちもです。たとえ話の中で、イエスはパリサイ人の祈りを例に挙げています。「神よ。私がほかの人たちのように、奪い取る者、不正な者、姦淫《かんいん》する者でないこと、あるいは、この取税人のようでないことを感謝します」（ルカ18・11）。なんと高慢で、冒瀆《ぼうとく》的なことばでしょう。イエスは、自分のことを義人と自認して、他の人たちを見下すたちの悪い人の例として、このたとえを話されました。

ところがイエスを見ると、罪がないという点を彼は、まったく自然に、意識することなく表明かつ主張し、ことさら人びととの注目を集める必要がなかったようです。すべての人は道に迷った羊であり、イエスはそのような人びとを捜し出して救うために来た羊飼いである、と言いました。すべての人は罪の病に冒《おか》されている病人だが、みずからはそういう人をいやすために来た医者である、というのです。すべての人は罪と無知の闇《やみ》の中におり、イエスはそういう世界を照らすまことの光でした。すべての人は罪ある者ですが、イエスは彼らの罪を赦す救い主として、十字架にかかって死ぬために生まれてきたのです。すべての人は心で飢《う》えていますが、イエスはそういう人たちに提供されたいのちのパンでした。すべての人は罪によって死んでいますが、イエスはそういう人たちにとって、いのちであり、復活でした。彼はこれらのことを当然のことであるかのように語ったのです。

悪魔はいろいろな方法でイエスを、誘惑しました。しかし聖書のどこにも、「彼は罪を犯した」とは、書かれていません。弟子たちに対しては、「罪を告白し、赦しを乞《こ》いなさい」と教えましたが、イエス自身はそうしませんでした。実際、彼が道を踏み外したことを示す証拠は、聖書のどこにも見つけられませんし、彼が良心に咎《とが》を感じたり罪悪感にさいなまれたりしたことも、まったくありません。

ただ一つ、バプテスマのヨハネから「悔い改めのバプテスマ」を受けたという記事はあります。が、これは、イエスが自分を罪人と考えていたことを示すものではなく、「このようにして正しいことをすべて実現することが、わたしたちにはふさわしいのです」と考えて、なさった行動でした（マタイ3・15）。ヨハネ自身、イエスがバプテスマを受けようとなさったときには辞退し、「私こそ、あなたからバプテスマを受ける必要がある」と言っています（同14節）。イエスはその生涯を通し、一貫して父なる神と交わりを持ち続け、罪のない者として生き抜かれたのです。

さて、イエスに道徳上の欠陥がなく、父なる神との交わりに一点の曇りもなかったことは、二つの理由によって証明できます。第一は、罪がなかったためにイエスは鋭い道徳的判断を下せたということです。ヘブル人への手紙の表現を借りれば、彼は「心の思いやはかりごとを見分けることができました（4・12）。「イエスは、人のうちに何があるかを知っておられたのである」と書いてあるところもあります（ヨハネ2・25）。

福音書の中には、彼が人びとの心の思いや悩みを読み取られた例が何度も出てきます。イエスはパリサイ人の偽善的な心を見抜き、容赦なくそれを暴露《ばくろ》します。彼は旧約聖書の預言者たちに劣らず、怒りを込めて彼らにのろいを宣言しました。へつらいや偽善の態度に、我慢できなかったのです。しかし、いっさいを見抜くことのできるその目で、彼は自分自身には何の罪も見いだせませんでした。

第二の理由として、聖《きよ》さに対するイエスの意識の特異性が挙げられます。キリスト者は神に近づけば近づくほど、神に親しめば親しむほど、自分がいかに罪深い存在であるかを、より深く認識するようになります。キリスト者はこの点で、現代の科学者に似ています。科学者は、研究が進めば進むほど、より多くの神秘、より多くの疑問や問題に直面します。それと同じように私たちも、キリスト者として成長すればするほど、自分の醜《みにく》さや無力さを見いだし、キリストからいかに遠い存在であるかを思い知らされるのです。

自分にこんな体験のない人は、キリスト者の伝記を一読すれば、すぐにこの事実に気がつきます。一例を挙げましょう。デイヴィッド・ブレイナードは、十八世紀初頭にアメリカのデラウェアで先住民伝道に従事する宣教師でした。彼の手紙や日記を読んでみると、彼がどんなにキリストを深く愛していたかがわかります。わずか二十九歳で死んだことからもうかがえるように、彼は激しい苦痛と病身をおして仕事に挺身《ていしん》しました。彼は果てしない森林を馬で旅行し、息つくひまなく説教や教育に当たり、夜はそのまま野宿し、決まった住居や家庭のない生活に甘んじていました。彼の日記は「愛する先住民」への愛の思いや、救い主に対する祈りや賛美で満ちています。

彼こそ、キリスト者のうちでも最も優れた人物で、彼のような人間なら、その生涯や仕事に罪の汚点を残さなかったに違いない、と人びとは思うかもしれません。ところが、日記を見ていくと、至る所で彼は自分の道徳的腐敗《ふはい》を嘆いています。祈りのたらないこと、キリストへの愛の弱いことをこぼし、自分のことを「いやな虫けら」いや「死んだ犬だ」とか、ときには「話にならないダメな男」と書いています。彼は病的なほど過敏だったわけではありません。ただ彼はキリスト者として成長していたので、自分がいかにキリストからかけ離れた存在であるかを、痛感していたのです。

神の奉仕に、ささげられし身は
心に痛く、罪の汚れを思い知る

ところがイエスだけは、ほかのだれよりも父なる神と密接な交わりを持っていたにもかかわらず、罪意識をいっさい持つことがなかったのです。

イエスの弟子の評価

イエスが自分自身のことを罪なき者と考えていたのは明らかです。それは、彼が自分を救い主であると考えていたのと同じです。しかし、もしかするとイエスは勘違《かんちが》いをしていたのかもしれません。彼の周《まわ》りにいた弟子たちは、この点をどう考えていたでしょうか。イエスも、自分たちと同じ罪人である、と思っていたでしょうか。それとも、罪のない方、と考えていたでしょうか。

ある人たちは、イエスの弟子を彼の証人に立てるのはよくない、と言います。確かにイエスの弟子だったのなら、自分の師に不都合なことを述べるはずはない、と言われればそれまでです。しかし、ちょっと待ってください。本当に彼らの証言には、信頼性がないでしょうか。私はそうは思いません。三つの理由からして、弟子たちの証言は想像以上に価値があり、尊重しなければならないのです。

第一に、彼らは三年間もイエスと一緒に生活しました。食事はもちろん、寝床も同じでした。一そうの舟の中でざこ寝をして、夜を過ごしたこともあります。彼らは世俗の仕事をしていませんでした。おそらく人びとの寄付によって生活していたのでしょう。そのため、それぞれに財布はなく、一つの財布で用がたりていました。普通これは、不和の最大の原因となります。確かに、弟子たちの間には争いやもめ事がありました。しかし彼らは自分たちが犯す罪を、イエスには何一つ見いだしませんでした。

親しさは、ときに、軽薄な態度をはぐくみます。しかしイエスに、軽薄さは見いだせません。イエスに罪がないことを最も強力に証言できたのは、ペテロとヨハネとヤコブです。彼らはイエスを取り巻く大ぜいの弟子の中から選ばれた、十二弟子の中でも内輪なイエスの側近とされ、彼から特別な権威と親密な関係を与えられました。ところが、彼らでさえイエスには、いついかなるときにも欠点を見いだせなかったのです。

第二に、イエスの弟子たちの証言が十分信頼できるのは、彼らがユダヤ人であって、幼少の頃《ころ》から旧約聖書を徹底的に教えられていたという民族的背景によってです。旧約聖書で見逃すことのできない教理の一つは人間の罪の普遍性でした。

すべての者が離れて行き
だれもかれも無用の者となった。
善を行う者はいない。
だれ一人いない。（詩篇14・3）

私たちはみな、羊のようにさまよい、
それぞれ自分勝手な道に向かって行った。（イザヤ53・6）

彼らがこのことを教え込まれていたとするなら、ちょっとやそっとのことで罪のない人間が存在するということを認めることはできなかったはずです。

第三に、イエスに罪がなかったという弟子たちの証言は、そのことを立証したり、教理として確立させようという意図が彼らになかっただけに、信頼性の高いものになっています。

いくつかその証言を挙げてみましょう。ペテロはイエスのことを「傷もなく汚れもない子羊のようなキリスト」と述べ、それから「キリストは罪を犯したことがなく、／その口には欺きもなかった」と書いています（Ⅰペテロ1・19、2・22）。ヨハネも、人はみな罪人なので自分には罪がないとか自分は罪を犯さないと言うなら、その人はうそつきで、神を偽り者とする人間であると決めつけておきながら、イエスについては、「この方（キリスト）のうちに罪はありません」と言っています（Ⅰヨハネ1・8―10、3・5）。

以上のようなペテロとヨハネの証言に、パウロとヘブル人への手紙の著者のことばを私は付け加えておきます。パウロはイエスのことを、「罪を知らない方」と呼び（Ⅱコリント5・21）、ヘブル人への手紙の著者は「敬虔《けいけん》で、悪も汚れもなく、罪人から離され、また天よりも高く上げられた」方、また「すべての点において、私たちと同じように試みにあわれたのです」が、「罪は犯しませんでした」と、イエスに言及しています（ヘブル7・26、4・15）。

イエスの敵対者たちの結論

イエスに敵対した人たちは、彼をどのように見ていたでしょう。弟子たちとは違って、彼らには偏見《へんけん》などあるはずがありません。少なくとも初めからイエスに好意を抱く者はいませんでした。「人々は……じっと見ていた。イエスを訴えるためであった」と福音書には書いてあります（マルコ3・2)。また「イエスのことばじりをとらえようとして」と書いてあるところもあります(同12・13)。論争が論争で終わればいいのですが、ときとして論争がかげ口や中傷《ちゆうしよう》など思わぬ方向に行くこともあります。論争の相手に好意を持っていない場合はなおさらです。イエスの敵対者もその例にもれず、イエスに対してていわれのない個人攻撃を何度かしています。マルコの福音書からその例を三つ拾ってみましょう(2・15―3・6)。

罪人と呼ばれていた取税人や売春婦は当時、世間からまったく顧《かえり》みられませんでした。イエスはそのような人の友となり、彼らを連れて歩き、しばしば一緒に食事をしました。イエスの敵対者であったパリサイ人たちの行動はというと、食事を一緒にすることはおろか、罪人とかかわりを持たないようにと最大限の注意をおこたりませんでした。そうすることが正しいと考えていたのです。ですからイエスの行動が、パリサイ人たちの常識を逆なでするものだったことは、想像にかたくありません。彼らはイエスを「罪人の仲間だ」と非難しました。しかし彼らは、単に、イエスの恵みと深い思いやりを理解できなかっただけなのです。

さらに、イエスの宗教は軽薄だ、との非難もあります。イエスや彼の弟子たちは、バプテスマのヨハネの弟子たちやパリサイ人の弟子たちがしていたように宗教的な断食(一週間に何度か断食をする日が決められていた)をしていなかったからです。ときには、「大食いの大酒飲み」と非難されました。この種類のかげ口が不当であることは、明らかです。福音書に書かれているイエスの生涯を見れば、彼が宗教にいつもまじめに取り組んでおり、つねに喜びに満ちていたことは歴然としています。

第三に、イエスは安息日に禁じられていたことをする、と彼らは怒りました。律法は安息日に労働することを禁じていましたから、医者が病気をなおすことや稲刈《いねか》りや脱穀《だっこく》などはしてはならなかったのです。しかしイエスは安息日にも公然と病人をいやし、弟子たちは麦畑の道端《みちばた》で穂をつみ、もむという労働をして食べることもしました。確かに、イエスや彼の弟子たちの行動は、当時の習慣からすれば許されるはずがありません。しかしイエスは彼らの習慣が、本末を転倒していると指摘しました。安息日というものは、本来、人間に休息を与えるために神が制定されたもので、人間を拘束するものではないからです。イエスは積極的に神の律法に従おうとしていましたし、人びとにもそうお教えになりました。パリサイ人たちのイエスに対する非難は、まったく的はずれだったのです。

これまで挙げた三つの中傷は、ほんのわずかな例にすぎません。イエスが十字架にかけられる直前には、敵対者の手口はますます陰険になりました。ユダヤ人議会での裁判のときは、イエスを死刑にできる口実で彼を訴える証人が募られ、偽《いつわ》りの証言をする者がぞくぞく出ましたが、どれも証拠としては不十分で立証ができません。結局彼らにできたのは、イエスに道徳的に罪があるとすることではなく、政治的に中傷することでした（マタイ26・59―60）。

イエスは、当時ユダヤを支配していたローマ帝国の裁判にもかけられましたが、そこでも彼の罪は立証されず、ユダヤの総督であり裁判官でもあったピラトは、三度も「私はあの人に何の罪も認めない」と言ったくらいです（ヨハネ18・38―19・6）。ユダヤの王として支配を委《ゆだ》ねられていたヘロデも、イエスに罪を認めるわけにいきませんでした（ルカ23・15）。裏切り者のユダも、「私は無実の人の血を売って罪を犯しました」と言って、自殺しました（マタイ27・4）。イエスと一緒に十字架につけられた二人の犯罪人のうちの一人は、「おれたちは、自分のしたことの報いを受けているのだから当たり前だ。だがこの方は、悪いことを何もしていない」と言っています（ルカ23・41）。十字架の上でもだえ苦しみ息を引きとったイエスの姿を見ていたローマ軍の隊長も、感極まって神をほめたたえながら、「本当にこの方は正しい人であった」と言いました（同23・47）。

私たちのイエスについての評価

イエスの品性について何らかの結論を出そうとするとき、聖書に登場する人物の結論だけで満足する必要はありません。彼らの証言をたよりに、私たちは自分なりの判断を下すことができるはずです。イエス自身が静かに主張し、弟子たちも確信をもって強調し、敵対者たちさえ不本意ながら認めざるをえなかったイエスの道徳的完全性は、福音書を読めばだれの目にも明らかです。

私たちは自分自身でも判断できる機会を数多く与えられています。マタイ、マルコ、ルカ、ヨハネという四人の福音書記者によって描かれたイエスの描写は、包括的なものです。福音書はおもに、たった三年間にしか及ばないイエスの公生涯を描いているだけだというのは確かです。けれども、私たちはイエスの少年時代を垣間《かいま》見ることができます（ルカ2・41－51）。またナザレでひっそりと暮らしておられる間に、イエスは体も心も精神も自然に成長していき、神と人とにますます愛されるようになった、とルカは二回も繰り返して述べています（ルカ2・40、52）。

イエスは群衆のざわめきのただ中に立ったこともあり、弟子たちとだけ過ごすこともありました。またガリラヤにいたときには、自分たちの考えに従い無理やり彼を連れ去って、彼にローマ帝国からの解放者になってもらおうとした熱狂的群衆に、王位につけられかけたこともあります。エルサレムの神殿の庭では、イエスを何とか陥《おとしい》れようとしたパリサイ人やサドカイ人たちから、巧妙な質問攻めにあったこともありました。

しかし、人びとから喜んで迎えられたときにも、多くの弟子がイエスのもとから離れ去っていったときにも、それに彼が動揺したことは一度もありません。かつぎ上げられて有頂天《うちょうてん》になったり、人気をとろうとして媚《こ》びを売るようなことを、彼はしなかったのです。イエスには陰日向《かげひなた》がまったくありませんでした。

ここでも、イエスの人物像は安定していて、気分のむらを示す跡はまったくありません。イエスが自分の教えに自己中心的ともいえる確信を持っていたことはすでに見たとおりですが、だからといってそれに彼が酔ったことはありません。彼が語らなければならないことの中には、人びとの不評を買うものもありました。けれども彼は変わり者だったのではありません。確かに、彼は神であり、人間でした。私たちと同じく食事をし、睡眠を必要としていました。愛や怒りや歓喜や悲哀《ひあい》も経験しました。彼は完全に人間でしたが、ただの人ではなかったのです。

それは、彼がまったく利己的でなかったことをうかがわせます。おそらく、そのこと以上に私たちに衝撃を与えるものはないでしょう。イエスは自分が神であることを確信していましたが、それでいてそのことを人にひけらかしたり、権威をかさにきた態度に出たりすることは一度もありませんん。彼はおごり高ぶることがまったくないばかりか、生き方は謙遜《けんそん》そのものだったのです。

教えにおいてごく自己中心的でありながら、実際の生き方においてはまったく自己中心的でなかったという矛盾《むじゅん》に、私たちは戸惑います。主義主張において彼は自分を第一に立てながら、行動においてはいつも人に仕えるのです。イエスの中には、最大の自己評価と最大の自己犠牲が完全に共存していました。彼は自分が全人類の救い主であることを確信していました。それでいて、すべての人のしもべとなることを苦になさいませんでした。世の終わりにはご自分が世界のさばき主になるとお語りになる一方で、自分の弟子たちのよごれた足を進んで洗おうとする謙遜な方だったのです。

イエスほど多くの犠牲を払った人は、ほかにいません。パウロは次のように言っています。「キリストは、神の御姿であられるのに、／神としてのあり方を捨てられないとは考えず、／ご自分を空しくして、しもべの姿をとり、／人間と同じようになられました」（ピリピ2・6―7）

彼は永遠の父なる神の御国で味わえるすべてのよきものを放棄して、私たちの救いのため、この世に生まれました。ベツレヘムという小さな村の家畜小屋で、身分の低いユダヤ人を母として誕生しました。生まれた直後、しばらくは難民としてエジプトで生活しました。少年時代をナザレという名もない町で暮らし、青年期には母や弟妹たちを養うため、大工として働きました。三十歳頃《ごろ》に神の救いを宣べ伝えるために家を出ましたが、以後彼はほとんど無一物で、肉親さえ捨ててその道に進んだのです。彼は素朴な漁師たちや取税人を友とし、人びとから石を投げられるほどに忌《い》み嫌われていた、ツァラアトに冒された人に手を置いてやり、売春婦たちに取り囲《かこ》まれていました。それでも彼は、ひたすら父なる神のみこころのまま人びとの病気をいやし、神の国のことを宣べ伝え、人びとに教えたのです。

それでいて、彼は多くの人に誤解され、ののしられ、最後には弟子たちからも見捨てられました。裁判の席ではむち打たれ、顔につばきをされ、頭にいばらの冠をかぶされました。ローマの兵士たちによってゴルゴタの丘で十字架につけられ、両手と足に太い釘《くぎ》を打たれました。そんな中でもイエスには、彼を苦しめる当の人たちのために祈ることができました。「父よ、彼らをお赦

しください。彼らは、自分が何をしているのかが分かっていないのです」（ルカ23・34）
いったいこれらは、努力してできることでしょうか。イエスは私たちが失敗するところで、いつも成功なさいました。彼は自分を完全にコントロールすることがおできでした。どんなにひどい仕打ちを受けても、決して仕返しをせず、祝福を祈りました。どんな状況のもとでも、何を考え、何を言い、どのように行動すべきかを知り、自分を否定して神のみこころに従い、人びとのために働いたのです。それで彼は、「わたしは、自分からは何も行うことができません」とか「わたしは自分の栄光を求めません」と言うことができました（ヨハネ5・30、8・50）。パウロが「キリストもご自分を喜ばせることはなさいませんでした」と書いているとおりです（ローマ15・3）。
神と人のために、このように完全に自分を捨てて奉仕することを、聖書は「愛」と呼んでいます。愛は自分には興味を抱かず、絶えず神と人の役に立つことを考えます。その本質は自己犠牲にあります。極悪人といわれる人さえ、ときにはこういう気高《けだか》さを持つかもしれません。しかし、イエスは生涯を通し一度もその輝きを失わなかったのです。このような生涯を見るとき、イエスには罪がなかった、と私は結論せざるをえないのです。

4　キリストの復活

私たちはまずイエス自身の主張について調べ、前章では何一つ落度のない彼の生涯に注目しました。順序からいうと、次にはイエスが死人の中からよみがえられたことを検討することになります。聖書に記されている証拠をもとに調べてみましょう。

本当にイエスが死人の中から復活したのであれば、これはセンセーショナルなできごとです。彼が私たち人間とまったく違う存在であることは、決定的になります。「復活」というと、単に息を吹き返したのかとか、霊的な力が存続したのかと考える人がいるようですが、ここで復活というのは、事実、死を克服して永遠に生きる存在となることです。

人類の歴史の中で、こんな経験をした人はイエスしかいません。ですから、もし彼が本当に死を克服して復活されたのなら、まったく新しいいのちがこの人間の世界にあることが証明されます。しかしイエス以外に死人の中からよみがえった人はいないのですから、「そんな馬鹿なことあるもんか」と言う人がいても、おかしくありません。アレオパゴスで、イエスの復活について証言したパウロの話を聞いた人たちが「あざ笑った」のも、無理からぬことです（使徒17・32）。

「イエスが復活しても、彼が神であることの証明にはならない」と考える人も中にはいるでしょう。そういう人も、復活が普通の人間にはなしえないことは認めるでしょう。超自然的な人物の生涯が超自然的であるというのは、理屈《りくつ》にかなったことです。そう考えれば、イエスは超自然的な人物であった、と言うことは可能です。それはまた、新約聖書の教えやキリスト教会の信仰告白とも合致します。

彼の誕生は自然でした。しかしその受胎は、聖霊によって超自然的に身ごもるという方法によりました（ここではいわゆる「処女降誕」については考えない。新約聖書は、イエスが神であり救い主であることの証拠として、「処女降誕」を用いていない。処女降誕を支持する考察は、ジェームズ・オーア著『キリストの処女降誕』〔一九〇七年〕と、J・グレシャム・メイチェン著『処女降誕』〔一九三六年〕でなされている）。彼の死は他の人のとまったく変わりなく、自然でした。しかし死からのよみがえりは、超自然的でした。イエスの受胎と復活で彼が神であることが証明されるとまでいわなくも、神であれば彼に不可能でないということはできるでしょう。

ところで、イエスは生前、自分が十字架につけられて殺されると、何度も弟子たちに話しておられました。そのつど彼は、必ず「三日目によみがえる」ということを、併せて預言なさいました。彼はそのさい復活を、イエスが神の子である「しるし」となさいました。パウロもまた、イエスは「死者の中からの復活により、力ある神の子として公《おおやけ》に示された方」であると言っています（ローマ1・4）。イエスの復活の証人である弟子たちも、後《のち》ほど説教するとき、神はイエスをよみがえらせて、彼が神の子であり救い主であることを証明なさったと語ります（使徒2・32―36）。医者であり、綿密な調査をしてイエスの生涯を正しく書き残そうとした福音書記者ルカも、この復活については、「数多くの確かな証拠」があると書いています（同1・3）。

しかし、トーマス・アーノルドが、復活は「歴史において、最もよく確証された事実である」と結論したように、私たち全員が彼と同じ判断を下すということはないかもしれません。ところが、偏見《へんけん》にとらわれない多くの学者は、聖書に残されている復活の証拠に、いずれも高い評価を与えます。一例として、エドワード・クラーク卿がE・L・マカッセイ博士に宛《あ》てた手紙の一文を引用しておきましょう。

法律家の立場から、私は長年、復活の日のできごとを詳細に研究してきました。そして、復活の証拠がきわめて信頼性の高いものだ、という結論を抱くに至りました。私は高等法院においてさえ、復活の証拠ほど説得力のない証拠によって、判決に影響を及ぼしてきました。推理というものは何らかの証拠をもとに立てるものですが、考えてみると本当の証拠というものは、素朴で、特別な印象を人に与えることはありません。イエスの復活に対する多くの証人の証言は、まさに素朴そのもので、真実な証拠であるといえます。法律家としての私は、これらの証拠を、実証できる事実に対する正直な人びとの証言として、無条件に受け入れざるをえないのです。

では、きわめて信頼性があるといわれる復活の証拠としては、どんなものがあるのでしょう。ここでは四つ、それを見ていくことにします。

空になった墓

四つの福音書に記されている復活の記事は、イエスが十字架につけられた日から数えて三日後の日曜日早朝、彼の弟子だった数人の女性が、遺体に油を塗るため墓を訪れたところから始まります。墓に行って見ると、イエスのからだがありません。彼女たちは途方に暮れました。急いで帰って、男の弟子たちにそのことを伝えると、彼らはすぐさま墓に飛んで行きましたが、やはりイエスの遺体を見つけることはできません。

ところが、その後《のち》しばらくして、彼らはイエスがよみがえったと言い始めました。もしイエスの遺体がなくなったというのがウソで、彼の葬られた墓に行けばその遺体を見ることができたのなら、弟子たちとしてはその証言がみんなに受け入れられるとは考えず、説教などしなかったでしょう。しかし、墓は空《から》でした。イエスの遺体はなくなっていたのです。これをどう説明したらよいのでしょう。

第一に、女たちは墓を間違えたのだ、という説があります。イエスの弟子たちは悲しみに打ちひしがれており、自分たちも捕らえられはしないかと恐怖におびえていました。しかもあたりはまだ暗く、彼女たちはその朝、間違いを犯しやすい状態にあった、というのです。ちょっと聞くと、これはいかにもありそうなことです。しかし待ってください。聖書を調べてみましょう。まず、〈暗くて墓を間違えたのではないか〉という点を。確かに、ヨハネの福音書によると「朝早くまだ暗いうちに……墓にやって来て」とあります（20・1）。しかしマタイの福音書には「明け方」（28・1）とあり、ルカの福音書は「明け方早く」（24・1）と述べ、マルコの福音書に来ると「早朝、日が昇ったころ」と明記されています。

それでは、女弟子たちは精神錯乱《さくらん》の状態にあったのでしょうか。「マグダラのマリアとヨセの母マリアは、イエスがどこに納められるか、よく見ていた」とマルコの福音書にはあります（15・47）。ルカの福音書では「イエスとともにガリラヤから来ていた女たちは、ヨセフの後について行き、墓と、イエスのからだが納められる様子を見届けた」（23・55）とあります。マグダラのマリアとヨセの母マリアが、サロメ（マルコ16・1）や、「ヨハンナ、……ほかの女たち」（ルカ24・10）

を連れて墓に来たときに、一人が道を間違えたとしたら、ほかの人がすぐ彼女に注意したに違いありません。仮に、一度目にマグダラのマリアが違う墓に行ったとしても、太陽が昇りきってから二度目に行ったときに、またもや間違った墓に行き、イエスに出会うまで墓地でうろうろしていたというのは、とてもありそうにない話です。

彼女たちはまた、単にセンチメンタルな悲しみに動かされて、こんなに早朝から墓に行ったわけではありません。墓には、遺体に油を塗るため行ったのです。イエスが十字架につけられたのは金曜日。その日の夕方、日が沈むその瞬間から、ユダヤ人たちにとっての安息日が始まりますから、塗油はできません。イエスの死体が十字架から降ろされたのは、もう日も沈もうとしていた頃《ころ》でした。死体は放っておけませんから、とりあえずイエスの遺体が納められた墓を見届けると、彼女たちは急いで帰って日没前にイエスの遺体に塗る香料と香油の用意をしました。

土曜日の日中は、安息日ですから、作業が許されません。そこで日曜日の朝早く、香料と香油を持って墓に急いだのです。これは精神錯乱状態にあった人たちのすることでしょうか。たとえ、彼女たちが急いでいたために墓を間違えたとしても、「イエスの遺体がなくなっている」という報告を確かめに走ってきたペテロやヨハネまでもが、同じ過ちを犯し、彼らの後《あと》から見にきたと思われる墓の持ち主であるヨセフやニコデモまで間違いを犯し続けたと考えるとすると、それこそ作り話になりかねません。

第二に、イエスは失神しただけなのだという説があります。この見解をとる人たちは、実はイエスは十字架上で死ななかったのだ、と主張したいのです。彼は一時的に気絶しただけであって、墓に葬られた後《あと》で気を取り戻すと、そこから出て、弟子たちに姿を現したのだというのです。

聖書の証言はあらゆる点で、その説と食い違っています。午前中に十字架につけられたイエスが、夕方には死んでしまったという報告を受けたピラトは、初め不審に思ったようです。この処刑方法は、十字架上に手と足を釘《くぎ》づけにしたまま何日も苦しみ続けさせるのを目的にした、非常に残酷なものだったからです。アリマタヤのヨセフが思い切ってピラトのところに行き、イエスの遺体の下げ渡しを願い出たとき、ピラトが「イエスがもう死んだのか」と言って驚いたのは、そのためです。

そこで彼は、イエスの処刑に立ち会った百人隊長を呼びよせて、イエスがすでに死んだというのは本当かと問いただしました。百人隊長は、イエスが息を引き取った次第を見ていました。彼は、兵士の一人がイエスのわき腹を槍《やり》でつき刺すと、すぐに血と水が出てきたという、あの場面にも居合わせました。ピラトはこの百人隊長の報告を聞くと、イエスが死んだことを納得し、イエスの遺体の下げ渡しを許可しました。そこでヨセフとニコデモはイエスのからだを受け取り、ユダヤ人の埋葬の習慣に従って、それを香料と一緒に亜麻布《あまぬの》で巻いて、墓に葬ったのです（マルコ15・39―45、ヨハネ19・33―34）。

これだけの証拠があってもなお、イエスは気絶していただけだ、と信じなければならないのでしょうか。残酷で苦痛に満ちた裁判とむち打ちの刑、十字架に釘づけにされ、槍でわき腹を突かれて血を流した後《あと》、岩をくり抜いただけの墓の中で、傷の手当てをしてくれる人も、暖《だん》も、食もないまま、どうして何日も生きていけたのでしょう。そのうえ、墓の見張りについていたローマの兵士に気づかれることなく、墓の入口をふさいでいた人間と等身大の石を、どうやって動かせたのでしょう。墓の中にいた三日間に体力を回復させていたとでもいうのでしょうか。ここまで来ると笑い話になります。

死人の中からよみがえって弟子たちの前に姿を現したイエスは、三日も食事をしておらず、深刻な衰弱状態と深手《ふかで》の傷を負いながら、それでもなお「わたしは完全に死に打ち勝った」という印象を一同に与えたとでもいうのでしょうか。しかも、死んでよみがえったと主張するばかりでなく、弟子たちを世界の果てまで派遣し、救いのメッセージが全世界に届くまで永遠に彼らとともにいる、と約束なさったというのです。また、だれ一人食事を整えず、宿も用意しなかったのに、イエスは瀕死《ひんし》の重傷を負ったまま四十日間も生き延び、そのあげく何の断わりもなく姿を消し、以後だれもその消息を知らないというのです。こんなことを信じるとしたら、それこそなかなかの信仰が必要になります。

第三に、イエスの遺体は何者かによって盗まれたという説もあります。これを立証する証拠はありません。いったいどのようにしてローマ軍兵士の目をごまかせたのか、が説明できないからです。また、弟子たちは空《から》の墓の中で遺体を包むのに使った亜麻布《あまぬの》を見つけたといいます（ヨハネ20・5―7）。盗人がどうして、布をはいで、遺体だけを盗んでいったのかも、よくわかりません。そもそも、何のために盗んでいったのか、想像もつきません。

第四に、遺体を盗んだのは弟子たち自身だ、という説もあります。しかし、マタイはこれを、イエスがよみがえったその日から広まったデマである、と述べています。アリマタヤのヨセフがピラトの許可を受けてイエスの遺体を葬った翌日、ユダヤ人の指導者たちはピラトを訪問して、次のように願い出ているからです。

閣下。人を惑わすあの男がまだ生きていたとき、「わたしは三日後によみがえる」と言っていたのを、私たちは思い出しました。ですから、三日目まで墓の番をするように命じてください。そうでないと弟子たちが来て、彼を盗み出し、「死人の中からよみがえった」と民に言うかもしれません。そうなると、この惑わしのほうが、前の惑わしよりもひどいものになります。（マタイ27・63―64）

するとピラトは彼らに同意して、「番兵を出してやろう。行って、できるだけしっかりと番をするがよい」と言いました（同65節）。それで彼らは行って、石に封印をし、番兵を置いて、墓の番をさせました。ところが、こんなに念入りに策を講じたのに、大きな墓石も、封印も、ローマ兵による番も、復活を阻止できなかったのです。困ったのは番を命じられた兵士たちです。ユダヤ人の指導者たちのところに行って事の次第を話すと、彼らは相談してから兵士たちに多額の金を渡して、こう指示しました。

「『弟子たちが夜やって来て、われわれが眠っている間にイエスを盗んで行った』と言いなさい。もしこのことが総督の耳に入っても、私たちがうまく説得して、あなたがたには心配をかけないようにするから。」そこで、彼らは金をもらって、言われたとおりにした。それで、この話は今日までユダヤ人の間に広まっている。（マタイ28・13―15）

それにしてもこの説には説得力がありません。ローマ人であろうとユダヤ人であろうと、総督の命令を受けて番をしていた者が、職務をほったらかし、全員で眠りこけていたというのですか。これは考えられないことです。ですから、弟子たちが盗んでいく、なんてことは無理でした。

万が一それができたと仮定しても、弟子たちのそれ以後の生涯を考えると、やはり腑《ふ》に落ちません。弟子たちはエルサレムだけではなく、ユダヤ全土、ある者は地の果てまでイエスが死人の中からよみがえったと宣べ伝えて回りました。自分の生涯をかけ、いのちをかけて、イエスの復活を伝えたのです。もし彼らがイエスの遺体を盗んで、どこかに隠しておき、そのうえで「イエスはよみがえった」と宣伝していたとするなら、彼らは大ウソつきになります。いったいこの世界に、自分の伝えることがウソとわかっていながら、なおかつそれにいのちをかける人などいるでしょうか。実際に彼らは訴えられ、牢屋《ろうや》につながれ、むち打たれ、ひどい迫害を受けたのです。ある者は殉教《じゅんきょう》の死をさえ遂げました。

どうしてそんなことができるでしょう。ウソのためにいのちをかける！　これはまったく不可能といって、過言ではありません。福音書や使徒の働きを読んでわかるのは、弟子たちが人格的に必ずしも立派でなかったにしても、表裏《おもてうら》のない真実な生き方をしていたことです。人からだまされても、人をだますようなことはしませんでした。弟子たちがイエスの遺体を盗む。この説も退けられなければならないのです。

第五番目に、おそらく最もありえないのは、イエスの遺体の紛失をローマ人やユダヤの官憲のせいにする説明です。彼らにそれなりの動機がないとはいいません。彼らは、イエスが復活を予告していたことを知っていました。そして、たぶらかされないように気を配ってもいました。そこで彼らは弟子たちの計画を出し抜くために、イエスの遺体を没収した、というわけです。しかし、推測に基づく事件のこの再構成も、ちょっと考えれば、ありえないことがすぐわかります。

イエスの死後二か月しないで、弟子たちは彼がよみがえったと大胆に話し始めました。この知らせはたちまちユダヤじゅうに広まりました。ユダヤ当局は、多くのユダヤ人がイエスの復活を信じることを心配し、この新しい運動を恐れました。ローマの側《がわ》としては、ユダヤ地方に暴動が起こることを心配しました。もし彼らがイエスの遺体を隠して処分していたのであれば、そのときそれを持ってきて、人びとに公開し、自分たちのしたことを公表すれば、問題はすぐに解決したはずです。

ところが、彼らはそうする代わりに、政治権力をふるって弟子たちを黙らせようとしました。イエスの復活を宣伝する者を逮捕し、彼らを脅迫し、むち打ち、投獄《とうごく》し、ののしり、策略を用いてだまし、ついには殺害さえしたのです。キリスト教は「イエスの復活」をもとに成り立っています。ユダヤ当局がイエスの遺体を隠していたとすれば、それを差し出すだけで、キリスト教はいっぺんに崩れるのです。彼らはそうすることができませんでした。彼らは遺体を持っていなかったのです。

ここまで、イエスの遺体がなくなり墓が空《から》になっていたという聖書の証言に目をつぶり、彼の復活に反対する人びとが提出するさまざまな見解について考えてきましたが、どれも私たちを納得させることはできませんでした。したがって、ほかにいかなる説明もつけられないとすれば、聖書が提供する単純な説明をそのまま認めても、それは許されることではないでしょうか。人間の作為的な作り話と違って、福音書に記されている弟子たちの行動や証言は単純で誇張もなく、信頼できます。聖書の主張は一貫していて、「イエスは神によってよみがえらされた」と言うのです。

乱れのない亜麻布

イエスの遺体がなくなってしまったことに関する記述には、それを包んでいた亜麻布《あまぬの》がそのまま墓の内部に残されていたという事実がつけ加えられています。どうでもいいことのように思われるかもしれませんが、これもイエスのよみがえりを考察するに当たっては見逃せない重要な証拠です。亜麻布についての指摘は、特にヨハネの福音書で強調されています。イエスがよみがえった日曜日の朝早く、「イエスの遺体がなくなっている」というマグダラのマリアの報告を受けると、著者のヨハネはペテロとともに墓に駆けつけました。そのいきさつを、彼はかなり詳しく記しています（ヨハネ20・1―10）。

ヨハネはペテロと部屋を出ると、一緒に走り出しました。ところがヨハネのほうがペテロよりも速かったため、先に墓に着きました。彼はからだをかがめて墓をのぞき込むと、そこでペテロが来るのを待ちました。ペテロは追いつくとすぐ墓に入り、ヨハネも続いて墓に入りました。これほど状況を詳しく書けたのは、彼がまさに当事者であったからです。ヨハネはペテロに続いて墓に入ると、「見て、信じ」ました（同8節）。いったい何を、見た、というのでしょうか。何を見て、彼は信じる気になったのでしょう。ただ遺体がなくなっている、ということを見ただけではありません。彼は、イエスの遺体を包むのに使った亜麻布が、そこにあるのを見たのです。

この物語の全体を、ここでもう一度たどってみましょう（この部分は、ヘンリー・レイサム著『よみがえりし主』（一九〇四年）によった）。アリマタヤのヨセフがピラトから遺体の下げ渡しを許可してもらって、十字架からイエスのからだを降ろしている間に、ニコデモは遺体を埋葬するための没薬《もつやく》とアロエを混ぜ合わせた香料約三十キログラムを用意しました。死体が降ろされると、彼らはユダヤ人の埋葬の習慣に従って、それを香料と一緒に亜麻布で巻きました（同19・38―40）。どうやって巻いたかというと、イエスのからだの回《まわ》りに亜麻布《あまぬの》を包帯のように巻きつけながら、粉末香料を折り目ごとにふりかけていくのです。頭部は、からだを包んだのとは別の布で巻きました（このことは、ラザロの墓について、ヨハネが記しているところからして明白である。イエスがラザロをよみがえらせたとき、「死んでいた人が、手と足を長い布で巻かれたまま出て来た。彼の顔は布で包まれていた」（11・44）とある）。

彼らはこうして埋葬の準備をしたのですが、オリエントの習慣に従って顔面と頸部《けいぶ》だけはむき出しになっていました。そのあとで、遺体を岩に掘った横穴式の墓に運び込み、墓の壁から切り取られた石の厚板の上に安置しました。

さて、ここでひとつ、想像してみましょう。イエスが死からよみがえったとき、ちょうどその場面に居合わせたとします。そのときイエスは、もぞもぞと動き出し、目を開け、あくびをしてから伸びをし、あたりをきょろきょろ見回しながら、ゆっくりと立ち上がる……こんな情景を見ることができたのでしょうか。とんでもありません。私は、イエスが、死の淵《ふち》から再び現世に帰ってきた、といっているのではありません。彼は気絶していた状態から、意識を取り戻したのでもありません。彼はよみがえったのであって、生き返ったのではないのです。

生き返るのとよみがえるというのは、どう違うのでしょう。生き返るとは、死んだときに持っていた肉体が、再び活動を開始することです。よみがえるというのは、死んだときに持っていたのと同じからだではなく、まったく新しいからだを与えられることです。イエスは確かに、肉体的な死を経験し、そのあとでそれまでとはまったく異なる新しい存在になったのです。もしそうであるなら、イエスのよみがえりの場面に居合わせた私たちは、そこで何を見ることができたでしょうか。

おそらく、突然、そのからだが消滅していったことを目にしたでしょう。からだはその瞬間、まったく新しい、異質の、素晴らしい存在に転移していったため、まさに「蒸発」したかのように見えたに違いありません。新しいよみがえりのからだは、巻かれた亜麻布に邪魔されることなく、その形状をほとんど乱すことなく、布を素通りしていったのです。「ほとんど」というのは、亜麻布は三十キロほどの香料と一緒に巻かれていたため、からだが通り抜けていったとき、その重みで瞬時につぶれ、ぺちゃんこになったと思われるからです。そのとき、からだを包んでいた布と頭をくるんだ布のつなぎめは、顔と首のあたりで切れ目となって残ったでしょう。もしかすると、頭を包んだ部分は十文字形にぐるぐるとしっかり巻いたために、つぶれないで、そのまま頭なしのターバンのように、中空のままかたちを保っていたかもしれません。

もう一度ヨハネの福音書に戻ってみましょう。彼は亜麻布《あまぬの》についてこう記しています。ヨハネは「身をかがめると、亜麻布が置いてあるのが見えたが、中に入らなかった。彼に続いてシモン・ペテロも来て、墓に入り、亜麻布が置いてあるのを見た。イエスの頭を包んでいた布は亜麻布と一緒にはなく、離れたところに丸めてあった」(20・5―7)。

三つのことがここに、特に指摘されています。第一に、ヨハネは亜麻布がそこに「置いてある」のを見ました。このことばは繰り返し二度指摘されています。第二に、頭を巻いた布は、亜麻布のそばにはなく、離れた別の所に巻かれたまま置かれていました。これは、くしゃくしゃにまるめられて隅《すみ》にほうり投げてあったというのとは違います。遺体を安置した石の上にあったけれども、からだを包んだ亜麻布のある位置からはいくらか離れた所にあったのです。第三に、頭を巻いた布は「離れたところに丸めてあった」。「くるめて」とか「巻いたまま」とする翻訳もありますが、正確には「巻かれたまま」、すなわち中身のない布切れが球状を保ったまま置かれていたことを、それは表しているのです。

二人の弟子たちが墓所をのぞき込み、入って行ったときに見た情景がどんなであったか、目を閉じると私たちにもその情景がありありと浮かんでくるでしょう。彼らがそこに残されていた亜麻布を見た瞬間に、「イエスは確かによみがえったのだ」と確信したのには、何の不思議もなかったのです。ヨハネは続いてマグダラのマリアの経験について書きます。マリアは弟子たちに報告に行った後《のち》、再び墓に戻ってきました。「マリアは墓の外にたたずんで泣いていた。そして、泣きながら、からだをかがめて墓の中をのぞき込んだ。すると、白い衣を着た二人の御使いが、イエスのからだが置かれていた場所に、一人は頭のところに、一人は足のところに座っているのが見えた」（20・11―12）

二人の天使が、石の厚板の両側に座っていたというのです。マタイとマルコの福音書ではここに、天使の一人が、あの方は「ここにはおられません。前から言っておられたとおり、よみがえられたのです。さあ、納められていた場所を見なさい」と言ったとつけ加えています（マタイ28・6、マルコ16・6）。天使の存在を読者が信じるかどうかはさておき、イエスの遺体が置かれていた場所に関するこの発言は、天使の座っていた位置とことばで強調されていることからわかるように、少なくとも福音書の著者たちがこの点で何を理解していたかを明らかにしています。すなわち、亜麻布の位置と遺体の蒸発がイエスのよみがえりを力強く証言しているということです。

主の顕現

福音書はおもにイエスの伝道活動と十字架、復活のできごとを記していますが、最後にイエスが死からよみがえった後《のち》、どのようにして弟子たちの前にその姿を現したかに触れています。彼は生きている間は公《おおやけ》に人びとの面前で説教し、病気を治すなどの活動をなさいましたが、聖書によるとよみがえった後《あと》は限られた人たちにしか姿を現していませんでした。ペテロは次のように書きます。「神はこの方を三日目によみがえらせ、現れさせてくださいました。民全体にではなく、神によって前もって選ばれた証人である私たちに現れたのです」（使徒10・40―41）。イエスはおよそ四十日にわたり、さまざまな機会に御姿を現されました。

・マグダラのマリアに（ヨハネ20・11―18、マルコ16・9）
・墓から帰る途上の女たちに（マタイ28・9）
・ペテロに（ルカ24・34、Ⅰコリント15・5）
・エマオ途上の二人の弟子たちに（ルカ24・13―35、マルコ16・12―13）
・二階座敷《ざしき》にいた十人の弟子たちに（ルカ24・36―42、ヨハネ20・19―23）

・復活の一週間後トマスを含む十一弟子に（ヨハネ20・24―29、マルコ16・14）
・五百人以上の弟子たちに（Ⅰコリント15・7、マタイ28・16―20）
・ヤコブに（Ⅰコリント15・7）
・ペテロ、トマス、ナタナエル、ヤコブ、ヨハネらに（ヨハネ21・1―23）
・昇天のとき、ホレブ山上で（ルカ24・50―53、使徒1・6―12）

復活後の四十日間にではありませんが、ダマスコの町に行く途中よみがえりのイエスに出会ってキリスト者になったパウロは、イエスの復活を目撃した証人の最後の一人として自分の名を挙げています（Ⅰコリント15・8）。

これほど多くの人がよみがえりのイエスに出会い、そのことが聖書に記されているのですから、私たちはこれらの証言を軽々しく扱うわけに決していきません。これまでに、「復活のイエスに出会った」経験について、多くの人がさまざまな解釈を施してきました。それらは大きく三つに分けることができます。第一は、それらの経験を作り話とします。第二は、それらを幻想と考えます。第三は、その経験をほんものと認めます。

第一の解釈はもっともらしいのですが、福音書の記事はどうしても作り話とは考えられません。実に素朴で飾りけがなく、その場に居合わせた証人ならではのいきいきした表現でつづられているからです。特にエマオの町に行こうとしていた二人の弟子たちにイエスが現れたときの記録は、まったく真に迫ったもので、とうてい作り話とは考えられません。

少なくとも、上手な創作といえません。もしイエスの復活に関する物語を創作しようとしたのなら、四つの福音書を比較してすぐに見つかるいくつかの食い違いを作者は残したままにしなかったでしょう。また、弟子たちのふがいない状況をそのまま記したりせず、彼らの疑い深い態度やびくびくしていた様子を削除するか、ある程度まで手加減して書いたでしょう。

さらに、福音書の著者は自分の見ていないことまで書くようなことをしていません。外典《がいてん》とか偽典《ぎてん》といわれる文書にしばしば見いだされるのは、よみがえりの状況をその場で見ていたかのように表現しようと、イエスが死の縄目を破り、勝利の声を上げて、墓から突然おどり出てくるような記録です。あまりにもわざとらしくて読むに堪えない、まさに創作文ですが、福音書はそんな書き方をしません。また、福音書は、もしかしたら証言としては不都合といわれるかもしれないできごとをも忠実に書き記します。

というのは、イエスのよみがえりの最初の証人をマグダラのマリアとしたことです。現代においては、女性が証人となることに不都合はありません。ところが二千年前のあの地方では、女性が証人になるというのは、証言の価値を低くしても高くすることは決してないと考えられていました。しかし、福音書の著者たちはそうした障害ゆえに、福音書の価値が下がるというデメリットを承知のうえで、マグダラのマリアを復活の最初の証人としたのです。福音書が創作した文書だったなら、決してこんなことをしなかったでしょう。

しかし、この創作説には、物語の素朴さよりもっと強力な反論を提出することもできます。すでに述べたように、弟子たちも福音書記者も、また初代教会のキリスト者たちも、イエスの復活については不動の確信を抱いていました。もしかすると彼らは、どうしようもないくらいだまされやすかったかもしれませんが、人をだますような人間ではありません。その点からして、福音書の著者は勝手に物語をでっち上げるような細工はしなかったと考えられるのです。

もし復活後の顕現《けんげん》が作り話でないとすれば、復活のイエスに出会ったという弟子たちの経験は、幻想だったのでしょうか。この見解は確かに広く受け入れられ、納得のいく説明として宣伝されたこともあります。事実、幻覚は珍しい経験とはいえません。健康な人が体験することはそんなにないかもしれませんが、ノイローゼ気味の人はしばしば幻覚を見ます。実際には見えない物を見たり、聞こえるはずのない声を聞いたり、その人だけの空想の世界に生きたりしていることはよく知られています。しかし、弟子たちがそういう病的な人物であったとはとても考えられません。マグダラのマリアはそうだったかもしれません。しかし、熱血漢でそそっかしいペテロや、慎重でちょっとやそっとのことでは意見を変えなかったトマスがそうだった、とは思えないのです。

幻覚はときに正常な人物に起こることもあります。その場合には、二つの特徴が見られます。第一は、たびかさなる過大な希望的観測のクライマックスとして起こるか、第二は、時期と場所と気分がそういう経験を生み出すのに向いているかする場合です。こういうタイプの幻覚を見るためには、過度の期待か外的条件が整っていなければなりません。

しかし復活に関する福音書の記述を見ると、弟子たちはそのどちらにも該当《がいとう》しません。希望的観測どころか、これっぽっちの期待すら持っていなかったのです。女たちは天使から「あの方（イエス）はよみがえられました」と聞くと、「墓を出て、そこから逃げ去った。震え上がり、気も動転していたからである。そしてだれにも何も言わなかった。恐ろしかったからである」（マルコ16・8）。弟子たちについてもマグダラのマリアや他の女たちから「イエスが生きておられ、お姿をよく見た」と告げられたときも、「信じなかった」（同11節）ばかりか、「この話はたわごとのように思えたので、使徒たちは彼女たちを信じなかった」とあります（ルカ24・11）。それで、イエスが彼らの所に来て、真ん中に立つと、「彼らはおびえて震え上がり、幽霊を見ているのだと思った」（同37節）くらいです。

そういうわけで、イエスは弟子たちの「不信仰と頑なな心をお責めに」なられました（マルコ16・14）。トマスも、「私は、その手に釘《くぎ》の跡を見て、釘の跡に指を入れ、その脇腹《わきばら》に手を入れてみなければ、決して信じません」とがんばりました（ヨハネ20・25）。その後、十一人の弟子たちがガリラヤに行って、イエスの指示された山に登りイエスにお会いしたときにさえ、彼らは「礼拝した。ただし、疑う者たちもいた」のでした（マタイ28・16―17）。

弟子たちには復活への期待感や希望的な観測、素朴な信心や何も考えないで信じる信仰のかけらもありませんでした。それどころか、用心深く懐疑的で、「愚かな者たち。心が鈍くて、預言者たちの言ったことすべてを信じられない者たち」だったのです（ルカ24・25）。こういう理由から、彼らは幻覚を見るような精神状況からまったくかけ離れた状態にありました。得体の知れない幻想で満足することなく、確かなだれにも立証できる経験の事実にしっかり根ざした信仰を、彼らは持っていたのです。

幻覚を見るための外的条件も、そこにはありませんでした。もしイエスの顕現《けんげん》が弟子たちに神聖化されていた思い出深い特定の場所でのみ起こっており、彼らのほうでもそこにイエスが現れてくるのを待ち望んでいたということなら、よみがえりのイエスに出会ったという証言を彼らの幻想と結論できるかもしれません。すなわち、最後の晩餐《ばんさん》が行われたあの記念の部屋で、イエスの座っていた場所を空席にし、センチメンタルな気持ちで、夢のようだった過去の年月を回想し、彼がよみがえって帰ってくると約束されたことを思い起こしているうちに、だんだんと彼は再来するかもしれないという可能性に期待を抱き、イエスはよみがえって帰ってくるに違いないと強く希望し、その期待が昂《こう》じ、ついに、イエスの幻《まぼろし》が現れた、というのなら、私たちも彼らは幻想を見たのだろうと結論せざるをえなくされます。

しかし、事実はそうではありません。十回に及ぶイエスの顕現を検討すると、現れた場所、人物、状況はばらばらで、統一がありません。たとえば場所に関していうと、エルサレム近郊の墓地の庭園、最後の晩餐の場所、エマオの町の近くで、ガリラヤ湖畔《こはん》、ガリラヤのある山、オリーブ山など、さまざまです。五百人以上もの人がいるところに現れたこともあり、一人っきりでいるところに現れたこともありました。

場所と人物がさまざまだったように、その人たちの気持ちもばらばらでした。マグダラのマリアは泣いていました。ほかの女弟子たちは、恐れおののいていました。ペテロは意気消沈し、トマスは不信仰の殻《から》にこもっていました。エマオ途上の二人の弟子たちは十字架のできごとに心を悩まし、ガリラヤの弟子たちは漁《りょう》で気を紛《まぎ》らわしていました。これらさまざまな精神状況にかかわりなく、イエスは彼らに現れたのです。外的条件がイエスの出現の幻想を作り出したということは考えられません。

このように、よみがえりのイエスに出会ったという証言が作り話でも幻覚でもないとするなら、残るもう一つの可能性、つまりそのできごとを、本当に起こったことと認めることこそが最も賢明なことでしょう。復活したイエスは確かにその姿を弟子たちの前に現されたのです。

弟子たちの変貌

復活の証拠の中でも、よみがえりのイエスに出会った弟子たちの変わりようほど強力な証拠は、おそらくほかにないでしょう。なぜならこれは、しようと思ってできることではないからです。彼らの最大の目的は、〈イエスは確かによみがえった。われわれは目撃者である〉ということを知ってもらうところにあり、自分たちの変身ぶりを見てもらうことではありません。

それでも私は、弟子たちの変わりように注目します。福音書で見ることのできる彼らの姿は、どう考えても「さすがにイエスの弟子だ」といえるようなものではありません。特に、自分たちの師が十字架で殺されたという事実は、彼らを完全に打ちのめしました。弟子たちはみな、悲しみと幻滅、絶望の人となっていたのです。しかし使徒の働きに書かれている彼らの姿は違います。まったくの別人になってしまったかのように、自分たちの信じる主イエス・キリストのためにいのちの危険を顧《かえり》みないで活動する、世界を覆《くつがえ》さんばかりの人物になっていたのです。

何が彼らをこのようにしたのでしょう。彼らの自信に満ちた確信・力・喜び・愛は、どうしたら説明できるのでしょう。ある意味でそれは、復活の五十日後に与えられた聖霊の力のおかげである、と説明することはできます。しかし五十日たつまで弟子たちが変わらなかったということはありません。彼らは確かに、イエスの復活を見たときから変わったのです。説明しようのない彼らの変わりぶりは、イエスのよみがえりの結果であるとしかいいようがないのです。ここでは、特に目立つ二人の人物を挙げておくことにしましょう。

第一の人物はシモン・ペテロです。彼は十二弟子の筆頭《ひっとう》とされていたこともあってか、とても自信家で熱血漢《ねっけつかん》でした。最後の晩餐《ばんさん》の後、「あなたがたはみな、今夜わたしにつまずきます」とのイエスのことばに答えて、ペテロはこう言いました。「たとえ皆があなたにつまずいても、私は決してつまずきません」。するとイエスは言いました。「あなたは今夜、鶏が鳴く前に三度わたしを知らないと言います」。しかしペテロはそのイエスのことばさえ打ち消して、「たとえ、あなたと一緒に死ななければならないとしても、あなたを知らないなどとは決して申しません」と言い切りました（マタイ26・31―35）。

確かに彼は、そのすぐあとイエスを逮捕しにきた人びとに立ち向かい、剣《つるぎ》を抜いて切りかかり、ある人の耳を切り落としました（同47―51節）。そのことの是非《ぜひ》は別として、彼は勇敢でした。しかし、彼の勇気はここまでしか続きません。捕《つか》まえられたイエスを追って、敵陣まで乗り込んだものの、女中に「あなたもあの人（イエス）たちの仲間だ」と三度言われると、「そんな人は知らない」と彼を否定し、三度目には神かけて誓いました。そのとき、イエスのことばどおりに、鶏が鳴きました。「私は決してつまずきません」とたんかを切ったペテロは、ものの数時間しないうちに「そんなやつなんか知るもんか」と、のろうかのように言ったのです。彼はイエスのことばを思い出し、外に出ていくと激しく泣きました（同69―75節）。

イエスが十字架にかけられ殺されてから、イエスの弟子たちはペテロをはじめとして、いつ自分たちにまで官憲の手が伸びてくるかとおびえ、最後の晩餐《ばんさん》をした二階座敷《ざしき》に集まり、かんぬきで扉を閉めきって、失意のどん底に沈んでいました（ヨハネ20・19）。ところがそんなことが書いてある三ページほど後《あと》になると、同じ二階座敷のバルコニーから、ペテロが驚くべき大胆さと力に満ち、外にいる大群衆に向かって説教をしたとあります（使徒2・14―36）。次のページをめくると、ペテロたちを捕らえ、イエスのことを語ったり教えたりしてはならないと命令したユダヤ議会に対して、彼は公然と挑戦し、「神に聞き従うよりも、あなたがたに聞き従うほうが、神の御前に正しいかどうか、判断してください。私たちは、自分たちが見たことや聞いたことを話さないわけにはいきません」と断言しているのです（同4・18―20）。

さらに、ユダヤ議会に呼び出されてむち打ちの刑に処せられ、イエスの名によって語ってはならないと言い渡されて釈放されると、ペテロたちは「御名のために辱められるに値する者とされたことを喜びながら、最高法院から出て行った」のでした（同5・40―41）。また、処刑前夜にさえ（結局奇跡的に脱出できたにしても）、牢屋《ろうや》の中で心配せずにぐっすり眠っている様子を見ることもできます（同12・4―6）。いったい何が彼をこうも変えたのでしょう。「決して裏切ることなどしない」と言い放った数時間後に、女中の一言《ひとこと》で師を裏切ったような男を、いったい何が変えたのでしょう。

後《あと》からエルサレム教会の指導者となったヤコブも同じです。彼はイエスの実の弟の一人でした（ガラテヤ1・19）。イエスがまだ生きていた頃《ころ》、彼はイエスを信じていませんでした。もちろん弟子ではありません（ヨハネ7・5）。しかしイエスが復活して四十日した頃、彼は明らかにイエスを信じる者の群れの一員となっています（使徒1・14）。この変化はどのようにして起きたのでしょう。何が彼に信仰を与えたのでしょう。おそらく、よみがえりのイエスが弟ヤコブにも現れたのが、そのきっかけだったのでしょう（Iコリント15・7）。

ペテロの恐怖を勇気に変え、ヤコブの懐疑を信仰に変えたのは、よみがえりのイエスに出会ったその経験にほかなりません。彼らだけではなく、ほかの多くの弟子がみずからのいのちをかけて、世界じゅうに出ていったのは、イエスの復活があったからなのです。キリスト者を迫害し根だやしすることに情熱を燃やしていたパウロをまったく変え、イエスの教えを宣べ伝える伝道者にしたのも、イエスの復活にその根拠があるのです（使徒26・9—17）。

以上が、イエスは本当によみがえったとする信仰の根拠です。イエスのからだは消えました。しかし、亜麻布《あまぬの》はそのままでした。よみがえったイエスは弟子たちにまた姿を現し、彼に出会った弟子たちはそのときから一変してしまいました。これらのことから、「イエスはほんとうによみがえった」と弟子たちが力強く証言するとおりのことが、確かに起こったと認めなければならないのです。

ここまで私はイエスという人物について、聖書の証言をもとに述べてきました。

・イエスの主張は途方もないものでした。

・イエスはまったく罪のない生涯を送りました。

・イエスは死の中からよみがえりました。

これらの結論は一つ一つ価値のあるものですが、積《つ》み重ねると疑いようのない結論を導き出します。イエスは神であったのです。疑い深く、三年間同じ釜《かま》の飯《めし》を食ってきた弟子仲間のことばさえ信じなかったトマスなどは、よみがえりのイエスを目の当たりにすると、「私の主、私の神よ」と告白し、彼の前にひれ伏しました（ヨハネ20・28）。今日、私たちは、自分の目で復活のイエスを見ることはできません。しかしイエスがトマスに「見ないで信じる人たちは幸いです」と言われたように、見ることができなくても、弟子たちの証言が記録されている聖書のことばを真実の証言と認めて、「確かにイエスは神です」と告白し、信仰の最初の一歩を踏み出すことは、道理にかなったことであり、本当に幸いなことなのです。

第2部　人間の必要

5　罪の事実と本質

これまで私たちはイエス・キリストがどんな方かを、さまざまな証拠に照らして検討してきました。聖書を信頼できるものとし、真理を求める気持ちをお持ちの方は、イエスが救い主であり神であることを、すでに確信しておられるでしょう。しかしここでもう少し彼のことを考えてみましょう。彼は何をしにこの世に来たのか、についてです。なぜなら新約聖書は、イエスがどのような方であったかばかりでなく、彼がこの世に来た目的についても、はっきり記しているからです。

イエスがこの世に来たのは、ほかならぬ私たち人間のためでした。彼は本当に偉大な働きをしました。多くの困っている人を救い出すために、使命感を持つ神の御子イエス・キリストとして、一大事業といっていい働きをしに。彼は人間の必要に応じて、天からやって来ました。それでは、人間にはいったいどんな必要があったというのでしょう。

まず考えなければならないのは、人間とはどんな存在かです。もし私たちが自分自身のことをよく理解するなら、イエスがこの世に来た目的について、さらに理解を深めることができ、自分が何をしなければならないかをはじめ、その治療法を具体的に考えることができるようになるでしょう。

人間を理解しようとするとき、私は「罪」のことを考えます。おそらく、「罪」という主題は、あまり歓迎されないでしょう。キリスト教はこの問題に敏感すぎる、としばしば批判されます。しかし、キリスト教が罪にこだわるのは、人をおどして教会に来させようとしているからでも、牧師を失業させないためでもありません。「罪」が人間の現実であり、事実だからです。

十九世紀は自由主義的楽観が幅をきかせていた時代でした。その頃《ころ》、人間は根本において善であり、罪や悪が存在するのは無知や劣悪な環境のせいである、と考えられていました。ですから多くの人は、すべての人に教育を受けさせ、社会を改良していきさえすれば、みんなが幸福になり、ユートピアを建設できると信じていました。ところが、二十世紀に入ってからの歴史は、その夢が幻想にすぎないことを人びとに思い知らせました。確かに教育の機会は西欧で急速に高まり、多くの福祉団体が誕生し、社会運動が活発になるにつれ、社会は改良されました。それでは、二度にわたる世界大戦や、それに伴う数多くの戦争、無数の残虐行為、そしていまなお続く民族紛争、さらに信仰や思想に対する政治的抑圧、人種差別、とどまるところを知らない暴行や犯罪の増加は、どう考えればいいのでしょう。過去一世紀の歴史は、罪や悪の根源が社会より人間自身にあることを指さしていはしないでしょうか。私たち人間の内には、どうすることもできない自己中心の殻《から》があり、それが社会に悲惨《ひさん》な現実を作り出しているのです。

また、文明社会の特徴をなす多くの制度は、人間の罪を前提にしています。たとえば法律。このほとんどすべては、人間同士が争うことを前提に制定されました。契約書はどうして作られるのでしょう。人間同士の約束は、いとも簡単にほごにされるからです。また私たちは自分の財産に、戸をつけただけでは安心して眠れません。錠《じょう》をつけます。警報器までつける人もいます。電車に乗るときには、乗車賃を払うだけではだめです。切符を交付され、改札口で切符を切り、電車の中では検札され、降りるときには回収されます。こうでもしなければ、鉄道会社はつぶれてしまいます。

法律や命令だけでは不十分なので、警察があり、私たちが法を守るように見張り、強制します。もし人間に罪がなかったら、どうでしょう。これらのものはいっさいいらなくなります。罪が現実に存在するから、多くの法律や規則は作られるのです。しかもこれらは、どんどん増えていきます。考えれば考えるほど、人間とは情けない動物なのです。

罪の普遍性

聖書の著者はだれもが罪の普遍性を指摘しています。イスラエルの王で栄華《えいが》を誇ったソロモンは、「罪に陥らない人は一人もいません」（Ⅰ列王8・46）と述べ、伝道者の書の著者は、「この地上に、正しい人は一人もいない。／善を行い、罪に陥ることのない人は」（7・20）と書きます。詩篇の中にも、いくつか、人間の罪の普遍性を嘆く詩があります。「神はいない」と言う愚か者のことを歌にした、詩篇14篇にも、人間の罪は悲観的に描かれています。

彼らは腐っていて　忌まわしいことを行う。
善を行う者はいない。
主は天から人の子らを見下ろされた。
悟る者　神を求める者がいるかどうかと。
すべての者が離れて行き
だれもかれも無用の者となった。
善を行う者はいない。

だれ一人いない。（14・1―3）

また別の詩篇作者も、「主よ　あなたがもし　不義に目を留められるなら／主よ　だれが御前に立てるでしょう」と歌い、神がもし人をさばくなら、だれ一人そのさばきを耐えられないと告白します（130・3）。「あなたのしもべをさばきにかけないでください。／生ける者はだれ一人／あなたの前に正しいと認められないからです」と祈る人さえいるほどです（143・2）。

すべての人が罪人であると指摘するのは、詩篇の作者に限られません。多くの預言者も鋭く追及します。中でも有名なのは、イザヤによる預言です。

私たちはみな、羊のようにさまよい、
それぞれ自分勝手な道に向かって行った。（53・6）

私たちはみな、汚れた者のようになり、
その義はみな、不潔な衣のようです。
私たちはみな、木の葉のように枯れ、
その咎《とが》は風のように私たちを吹き上げます。（64・6）

新約聖書の著者たちも例外ではありません。パウロはローマの教会に宛《あ》てた手紙の最初の三章で、人間がみな神の前で罪人であることを入念に論証します。前半では彼の周《まわ》りのローマ社会の堕落しきったありさまを細かく書き記すことによって、異邦人《いほうじん》の罪深さを、後半ではユダヤ人の罪も指摘します。ユダヤ人は、「われわれは神の聖なる律法を持っているから、異邦人のような罪人ではない」と大口をたたくが、実生活は異邦人とまったく変わらない、とパウロは言うのです。そしてその最後を、「すべての人は罪を犯して、神の栄光を受けることができず」と結びます（3・23）。

ヨハネはもっと簡単明瞭《めいりょう》です。「もし自分には罪がないと言うなら、私たちは自分自身を欺《あざむ》いており、私たちのうちに真理はありません。……もし罪を犯したことがないと言うなら、私たちは神を偽《いつわ》り者とすることになり」ます（Ⅰヨハネ1・8―10）。

罪の普遍性はいまや明らかです。それにしても、罪とは何でしょう。聖書は、いろいろなことばを使って「罪」に気づかせます。それらは大きく、二つに分けられます。消極的に考えた場合の罪と、積極的に考えた場合の罪とです。消極的に考えるなら、罪は欠陥を指しています。「失錯《しっさく》、間違い、失敗」などがそれで、「的を外れた矢」のようなもの、と描写されることもあります。またこれは、「原罪」と言われるときのように、善を行わず、善に到達することのない、内的な悪しき性質を指すものでもあります。

積極的に考えるなら、罪は違反です。境界線の侵犯、正義の侵害、不法といわれるのがそれです。これらの表現には、この世に道徳的な規準があることが暗示されており、人がそれぞれに持っている理想であれ、法律であれ、とにかく規準を守らないことが、罪と呼ばれます。「罪を犯している者はみな、律法に違反しています。罪とは律法に違反することです」とあるとおりです（Iヨハネ3・4）。

ところが、人はみなそれぞれに違う規準を持って生きています。ある事柄が、ある人にとっては罪でも、ある人にとっては罪でないこともあります。ユダヤ人にはモーセの律法があり、それが彼らにとっては正しさの規準でした。仏教徒であれば、釈迦《しやか》が説法した八つの生き方（八正道《はつしようどう》）が規準かもしれません。イスラム教徒にとっては、回教《かいきよう》のいわゆる五戒がそれに当たるでしょう。このような宗教的な規準を持たない人には、その人なりの規準があるはずです。たとえば、常識とか正義とか道徳などです。いずれにしても、それら規準は守られません。それぞれの規準は違っていても、その規準がその人によって守られないという点では、同じなのです。人はだれでも、自分では良心に呵責《かしやく》を感じているのです。

「とんでもない」とある人は言うかもしれません。「なぜ私が良心に呵責など感じなければならないのか」と。このように言う善良な人は、確かに彼らなりに理想を持ち、多少はそれを実行してきたでしょう。ときには失敗し、自分の性格に欠点があることも認めます。しかし、「おまえは罪人だ」と言われたときには、そうなんですと首をたてに振れません。私は、彼らの気持ちがわからなくありません。でも、次の二点には注意してください。まず、自分の罪を認めたくない人は、罪の規準の高さを、どの程度のものにしているのでしょう。ハードルの高さを低くすればするほど失敗の可能性が少なくなるように、罪の規準も低くしていれば「自分はそれほど罪を犯していない」といくらでも思えてくるのです。第二に、行動の原因となる動機や本音について考えましょう。聖書は「兄弟を憎む者はみな、人殺しです」（Ⅰヨハネ3・15）と言いますが、「私はそれほど罪を犯していない」と言う人は、自分の心の中を探ってみた後《あと》でも、そう言いきれるでしょうか。

ここでモーセの十戒を取り上げてみましょう。なぜなら、自分の都合によって規準を勝手に引き下げたりしないためです。十戒は聖書の中でも大きな位置を占めており、神の聖なる戒《いまし》めとして、ここ何千年多くの人に影響を与えてきました。人間の姿を映し出す規準としては、最もふさわしいものです。では、以下に十戒に照らして、私たち人間がこの規準からどんなに遠く離れているかを見ていきましょう。

十戒

第一戒「あなたには、わたし以外に、ほかの神があってはならない」

これは、人間は創造主である神だけを礼拝すべきだという神の命令です。この戒《いまし》めを破るのは簡単です。わざわざ太陽や月や星をおがむ必要はありません。ただ、あなたの思いや愛情を、神以外のものに向ければよいのです。神以外のもの、それはある人にとってはスポーツや趣味かもしれません。または、若者がアイドルとする人物かもしれません。お金に自分の人生のすべてをかける人もいますし、動産や不動産を手に入れようとして木や石をおがむ人もいるでしょう。スポーツ・趣味・アイドル・お金・木や石の、どれをとっても、それ自体が悪いとはいえません。しかし、人間の心の中の、最も大事な部分、すなわち、神が占めるべき場所をそれらが占領しているときには、それらのものは悪いものとなり、その人は第一戒を破ることになるのです。罪とは、神を犠牲にして、神以外のものを神のように大切にすることです。

この第一戒を守るのは、イエスが言われたように、「あなたは心を尽くし、いのちを尽くし、知性を尽くして、あなたの神、主を愛」することです（マタイ22・37）。神のみこころだけを自分の歩む道とし、神に喜ばれることだけを自分の喜びとすることです。思想においてもことばにおいても、あるいは行為においても、仕事や余暇《よか》、友人関係、お金や時間の使い方など、自分の人生のすべてを、神を第一にして生きること、これが第一戒の目的です。残念なことに、これを完全に守った人は、イエス・キリスト以外にいませんでした。

第二戒「あなたは自分のために偶像を造ってはならない」

第一の戒めを人間の礼拝対象に関するおきてとすると、この戒めは礼拝の方法に関するものです。神は真実かつ霊的な礼拝を求めています。「神は霊ですから、神を礼拝する人は、御霊と真理によって礼拝しなければなりません」（ヨハネ4・24）。私たちは、聖書に書かれている創造主である神だけを礼拝すべきです。しかし、神は目に見える形を持たない、霊的な存在です。人間は弱いものなので、目に見えないものより目に見えるもののほうがおがみやすく、そのため、目に見えない神を木、石、その他の、物によって形造り、表現しようとしてきました。しかし神は、偶像を決して造ってはならないと命じられました。私たちが、本当の神ではなく、刻まれた偶像そのものを、いとも簡単におがむようになるからです。

この戒めは、教会堂の建物やその内部、または礼拝行為で、外面的と思われる形式のすべてを否定するわけではありません。むしろ、心の中を問題にしていると思われます。確かに、目に見えない神を木や石で、形あるものにする人はいまそういません。ところが私たちは、木や石や金属で神を造らなくても、しばしば頭の中では想像をたくましくして、自分なりの神を造り上げます。とすると、形式うんぬんよりも、心の中で神をどう礼拝しているかということのほうがむしろ問題となります。なんと多くの人が教会の礼拝に出席しながら、礼拝の最中にほかのことを考えていることでしょう。祈りを口にしながら礼拝後のことに思いをめぐらしたり、讃美歌《さんびか》を歌いながらその内容を考えずに、ただメロディーの美しさに酔っていることでしょう。聖書を読むときには、本当に神の語りかけを聞き、神の言うとおりに生活しようとしていますか。心が神から遠く離れているのに、口先や外面的行為で神を礼拝しても、何にもなりません。そんな人は、偽善者として神からさばかれるだけです（マルコ7・6―7）。

第三戒「あなたは、あなたの神、主の名をみだりに口にしてはならない」

聖書は神の御名を尊《とうと》びなさいと命じています。名前はその本質を表しているものだからです。ですから、名前を尊ぶとは、その名前の持ち主である神ご自身を尊ぶことになります。キリスト者は「主の祈り」を祈るたびに、「天にいます私たちの父よ。／御名が聖なるものとされますように」と言います（マタイ6・9）。ところがそう祈っていても、（これはアメリカやヨーロッパでのことですが）ふだんの会話の中で人をののしったり、むしゃくしゃするとき、軽々しく神の名を使います。これは、ことばだけの問題ではありません。考え方や実際行動にかかわってきます。たとえば、主の御名によって祈りながら、実生活ではその祈りと逆の行動をするなら、主の御名をみだりに唱えたことになります。このように、行いや考え方が、信じていることと一致していない場合には、私たちは神ご自身を否定することになるのです。神の御名をみだりに唱えるとは、言うこととすることとを、一致させないことを指すのです。それは偽善にほかなりません。

第四戒「安息日を覚えて、これを聖なるものとせよ」

ユダヤ教の安息日（土曜日）とキリスト教の日曜日は、神が特別な日とされた日です。一週間七日のうち一日を特別視するというのは、人間が勝手に決めたことでも偶然そうなったものでもありません。神の計画に基づいて定められたものです。創世記によれば、全宇宙は創造主である神の手によって六日間に造られ、その神は七日目には休まれたとあります（1・1―2・3）。そして神は、人間にも休息が必要なので、この第四戒を通して人びとに「安息日を覚えるように」とお命じになったのです。イエスも、「安息日は人のために設けられたのです」とおっしゃいます。人間のからだと心は、休息を必要とします。同じように、私たちの内にある霊は、神を礼拝したいのです。安息日とは、このような休息と礼拝のための日なのです。

教会が誕生し拡《ひろ》がっていき、ユダヤ人でキリストを信じる者を中心とした教会が、異邦人《いほうじん》を中心とした教会へと変わっていくにつれ、教会はイエス・キリストが復活した日曜日を礼拝の日とするようになり、ユダヤ人が守っていた土曜安息日は忘れられていきました。以後、神が人間の休息と礼拝の日を定めたこの第四戒は、イエスが復活した日曜日に守られてきました。日曜日が「聖日」と呼ばれるのも、それが神のために聖別《せいべつ》されているからです。それは私たち人間のための日でありながら、主のための日でもあることを忘れてはいけません。日曜日は神のみこころに従って守られるべきです。自分勝手な考えによって過ごしてはならないのです。この日は礼拝と奉仕の日であり、自分中心の快楽と欲望のために使われてはならないのです。

第五戒「あなたの父と母を敬え」

モーセの十戒はふつう大きく二つに分けられます。前半が神に対する人間の義務、後半が人間関係に関するものです。この第五戒に神という語は使われていませんが、それでもこれは前半に属していると考えられます。親は、私たちが親から独立して一つの家庭を持つまでは、神に似た立場にいるからです。また、独立した家庭を持ってからも、依然として尊敬されるべき立場にいます。聖書によれば、親は神の権威を代表するのです。ですから親を尊敬しないと、私たちは自然に神をおそれ敬《うやま》わなくなります。

あなたはこの戒《いまし》めが命じるように、両親に感謝し、敬っているでしょうか。両親が自分によくしてくれるのを当然として感謝もせず、かえって文句を言い、両親が当然受けるべき尊敬と愛情を示していないことはないでしょうか。月に何度くらい両親に近況を報告しますか。あるいは、年に何度、実家を訪れますか。もしかしたら、彼らは経済的に困って、金銭的な助けを必要としているかもしれません。あるいは医者に診《み》てもらわなければならないほど、からだが弱っているかもしれません。あなたは両親を愛し、敬わなければなりません。そのように神に命じられているからです。

第六戒「殺してはならない」

この第六戒から後半部分は、人間関係に関する戒めになります。この「殺してはならない」というのは、本当の殺人を禁じるだけではありません。実際の殺人はもちろん、心の中での殺人もこの戒めは禁じます。人をにらみ殺すことができるものなら、にらみ殺してやりたいと思うような人はたくさんいるでしょう。ののしって人を殺せるものなら、そのようにしてやりたいと思う人も際限なくいます。実際には、そんなふうに人を殺せなくても、「殺したい」という思いをもってにらんだり、ののしったり、のろったりはします。聖書は、心の中のそのような思いも、有罪宣告を受けるといいます。「兄弟を憎む者はみな、人殺しです」（Ⅰヨハネ3・15）。怒りの爆発、感情の放出、うらみがましい思い、復讐《ふくしゅう》の念のすべては、殺人と同じです。私たちは、悪意を込めてするかげ口によっても、わざと人を無視する態度や冷たいそぶりを示しても、人を殺します。

いったいだれが「私は人を殺したりしない」などと言えるでしょう。

第七戒「姦淫してはならない」

神は、結婚した夫婦同士以外のセックスを禁じています。夜の街で女を買って遊ぶことも、婚前交渉も、不倫もいけません。ホモセクシャルや倒錯《とうさく》したセックスももちろん禁じられています。それらの変則的な本能が本人の責任でなくても、それにふける責任はその人自身のものです。全部とまでいいませんが、離婚要求の多くもこの戒《いまし》めを破ることにつながります。結婚生活に入ってからの自己中心的要求や、ポルノ雑誌の耽読《たんどく》、空想もいけません。イエスは、「情欲を抱いて女を見る者はだれでも、心の中ですでに姦淫《かんいん》を犯したのです」と言って、実際に行わなくても、心の中で思うだけで、それが姦淫になる、と断罪なさいます（マタイ5・28）。心に殺意を抱くことが殺人に等しいように、心に不純な思いを抱くことは姦淫と同罪と見なされるのです。

第八戒「盗んではならない」

盗みとは、他人のものを不正に横取りすることです。人のお金を盗むことだけが罪なのではありません。脱税はもちろん、税関のごまかし、乗車賃のごまかし、労働時間中にさぼるのも盗みです。労働に対して正当な賃金を支払わないのも盗みと見なければなりません。人間で、あらゆる点で盗みをしない人がいたら、一度お目にかかりたいものです。アーサー・ヒュー・クロウはこんなふうに言っています。

「あなたは殺してはならない」というのなら、
　差し出がましいことは何も言わなければいいのだ。
「あなたは盗んではならない」というのなら、
　ころりとだませるときにも、何もしないことだ。

確かに、罪を犯さないためには、何もしないのがいいかもしれません。しかし、これらの戒めはただの禁止命令ではなく、禁止という消極的な面の裏に、積極的な意味を隠し持っています。「殺してはならない」という戒めは、殺されようとしている人を助け出し、よりよく生きられるように手を差し伸べることを意味しています。姦淫しないというのは、夫婦関係だけでなくあらゆる人間関係で、性差をよりよく生かすように助け合うことを勧めています。この第八戒「盗んではならない」も、人のものを盗まないだけでは不十分です。パウロは盗みをする者にこう勧告します。「盗みをしている者は、もう盗んではいけません。むしろ、困っている人に分け与えるため、自分の手で正しい仕事をし、労苦して働きなさい」（エペソ4・28）。第八戒は、困っている人に施しをせよと勧める戒めなのです。

第九戒「あなたの隣人について、偽りの証言をしてはならない」

後半の五つは人間関係に関する戒めであると書きましたが、もう少しいうならば、真の愛に目覚めさせることを究極の目的としています。すなわち、自分中心でなく、他人のものを守ることを目的としているのです。「殺してはならない」という戒めは、人間のいのちが奪われないばかりか、守れと命じます。「姦淫してはならない」は、他人の妻をはじめ、家庭の名誉を傷つけることなく、守るようにという戒めです。「盗んではならない」ことは、他人の財産だけでなく、持ち物のすべてが奪われず、守られることを目的としています。このように考えてくると、第九戒は、他人の信用を損《そこ》なったり傷つけたりしないで、守ることを命じていることがわかります。この戒めは、裁判所の中だけで通用するとはいえません。他人の信用を落とすすべてのたくらみ・中傷《ちゅうしょう》・かげ口・うわさ話・無駄口《むだぐち》・虚言《きょげん》・自分勝手な解釈を加えた話などを全部禁じています。また、自分が発言するときだけでなく沈黙するとき、すなわち、人が変な話をしているときに喜んで耳を傾けたり、その間違いを正そうとしなかったりするのも、間接的にはこの戒めを破ることにつながります。

第十戒「あなたの隣人の家を欲してはならない」

考えようでは、この第十戒ほど厳しいおきてはほかにないでしょう。それが、心の中を問題にするからです。この戒めがなかったら、十戒を単なる倫理規準や法典にできたかもしれません。しかしこの戒めは、十戒の全体を内的な道徳的規準にします。これまで、心の中で戒めを破ることが、罪になる、と繰り返し述べてきましたが、それはこの戒めがむさぼりを禁じているから、そのようにいえるのです。法律は殺人や強盗を禁じることができます。しかし、むさぼりを禁じることはできません。むさぼりは、心の中の問題だからです。それは、心や頭に働きかけてきます。人のいのちをむさぼれば殺人に、人の妻をむさぼれば姦淫に、人の持ち物をむさぼれば盗みに、人の信用をむさぼれば偽証罪になります。

もし私たちが他人のものをむさぼらなければ、どんなに世界は平和になることでしょう。殺人はなくなります。姦淫もなくなり、家庭は平和になります。盗みもなくなり、人間関係はスムーズになるでしょう。偽《いつわ》りの証言もなくなって、互いの間に信頼が生まれます。「貪欲《どんよく》は偶像礼拝です」、「むしろ、私たちにすべての物を豊かに与えて楽しませてくださる神に望みを置」くようにとパウロが勧めるとおりです（コロサイ3・5、Ⅰテモテ6・17）。

ここまで十戒の一つ一つを検討してきましたが、なんとも醜《みにく》い罪のカタログができあがりました。他人にのぞかれることのない自分の心の中で、本当は実に多くのことが起こっているのです。ある人はその醜さを見たくないので、目をそむけていますが、本人の気づかない多くのきたない思いが心の中には渦巻いています。神はそのすべてを見ておられます。彼の目には何一つ隠されたままにはならず、私たちの心は奥底まで見通されます。「神の御前にあらわでない被造物はありません。神の目にはすべてが裸であり、さらけ出されています」（ヘブル4・13）。神は十戒という非常に高い規準を通して人間を見、私たちに罪の恐ろしさを知らせるため、十戒を人類にお与えになったのです。十戒には人間の罪深さをあばき出すという目的があります。「律法を通して生じるのは罪の意識です」とあるとおりです（ローマ3・20）。

十九世紀の有名な説教家C・H・スポルジョンが十四歳の頃《ころ》のことです。彼は自分の罪深さに押しつぶされる日々を送っていました。ある日彼は、二つの真理が、それまで経験したことがないほど胸に迫ってくるのを覚えました。それは「神の聖《きよ》さと自分の罪深さ」でした。自分が情けないほどだめな人間であるという事実の前に、彼は身も心も切りきざまれる思いをしていたのです。

私の生活を調べてみても、特別な罪をだれも見いだすことができなかったであろう、と私はためらうことなく言うことができる。しかし自分の内側を見つめると、神に対する罪がはびこっているのに目をつぶれなかった。私はほかの多くの少年のように、うそをついたり、悪いことをしたり、人をののしったりしなかった。しかしあるとき突然、モーセが神の十の戒《いまし》めを持っていることに私は気づき、それを読んだとき、十の戒めは聖なる神の前で私を訴え、さばくのをやめなかった。

私たちも正直になって神の前に出るならば、聖なる神の戒めである十戒によって自分の罪深さをいやというほど自覚させられるでしょう。

6 罪の結果

前章では罪の事実と本質について学びました。不愉快に思った方がいるかもしれません。早いこと罪の問題は終わりにして、キリストの救いを告げるよい知らせについて論じたいのですが、もう少し罪について考えておきます。なぜなら、罪とは何かについてだけでなく、罪がどんな結果をもたらすかを検討しないと、神が私たちのために何をしてくださったのか、イエス・キリストの救いとはどのようなものであるかを、正しく理解できないからです。これから、罪がどのような結果をもたらしたかを、三つの面から見ます。神との関係において、自分自身の中で、人間関係に対して。

神からの疎外

いまはまだよく理解できないかもしれませんが、最も恐ろしい罪の結果は、人間が神から引き離されてしまうということです。聖書によれば、人間が到達できる最高の状態は、人間が創造主である神を知り、神との人格的な関係を保ち続けることです。なぜなら人間は神に造られたものの中で唯一、神のかたちに似せて造られ、神を知ることができ、神のみこころを行うこともできる存在だからです。人間が万物の霊長といわれる理由は、ここにあります。ところが、この神は、私たち罪ある人間と違って、すべての点で欠けのない、完全で正しい方です。いったいこのような方と人間とは、どのようにしてかかわりを持つことができるのでしょう。

いと高くあがめられ、永遠の住まいに住み、
その名が聖である方が、こう仰《おお》せられる。
「わたしは、高く聖なる所に住み……（イザヤ57・15）

王の王、主の主、……近づくこともできない光の中に住まわれ……（Ⅰテモテ6・15―16）

神は光であり、神には闇《やみ》が全くない……もし私たちが、神と交わりがあると言いながら、闇の中を歩んでいるなら、私たちは偽《いつわ》りを言っているのであり、真理を行っていません。

（Ⅰヨハネ1・5―6）

私たちの神は焼き尽くす火なのです。（ヘブル12・29、申命4・24）

私たちのうち、
だれが焼き尽くす火に耐えられるか。
私たちのうち、
だれが、とこしえに燃える炉に耐えられるか。（イザヤ33・14）

あなたの目は、悪を見るにはあまりにきよく……（ハバクク1・13）

聖書に登場する人たちは、神の人と呼ばれながら、神の栄光に触れると神の聖《きよ》さに圧倒され、自分の汚れた姿と罪意識に打ちのめされて、神に背を向けずにおれなくされます。炎をあげながら燃え尽きない柴《しば》の中に姿を現された神に会ったモーセは、「顔を隠した。神を仰《あお》ぎ見るのを恐れたからである」（出エジプト3・6）。嵐《あらし》の中に現れ、語りかけてくださった神に出会ったヨブは、「私はあなたのことを耳で聞いていました。／しかし今、私の目があなたを見ました。／それで、私は自分を蔑《さげす》み、悔いています。／ちりと灰の中で」と叫びました（ヨブ42・5―6）。人生の出発点に立ったとき、神の聖さと栄光を歌う天使の群れに囲《かこ》まれ、「高く上げられた御座に着いておられる主を見た」イザヤは、「ああ、私は滅んでしまう。／この私は唇の汚れた者で、／唇の汚れた民の間に住んでいる。／しかも、万軍の主である王を／この目で見たのだから」と嘆きました（イザヤ6・1―5）。エゼキエルも、翼のある生き物や、ぐるぐる回る輪、そしてその上に強く輝く火と虹《にじ》に囲まれた人を乗せた御座という奇妙な幻《まぼろし》を見て、それが「主の栄光」にほかならないと気づくと、「私はこれを見て、ひれ伏した」と告白します（エゼキエル1・4―28）。

新約聖書の例としては、パウロを挙げることができます。イエス・キリストを信じる人たちを迫害することに情熱を燃やしていたパウロは、ダマスコへの途上、太陽よりも明るく輝く天からの光に照らされ、同行者の一行とともに地面に打ち倒されました（使徒26・13―14）。彼はコリント人への手紙第一の中にこのときの経験を、「キリストは……私にも現れてくださいました」と記しています（15・7―8）。九十歳になってからパトモス島に流されたイエスの弟子のヨハネは、復活して栄光に輝くイエスの幻を見ると、そのときの様子をこう表現しました。「その頭と髪は白い羊毛のように、また雪のように白く、その目は燃える炎のようであった。その足は、炉で精錬《せいれん》された、光り輝く真鍮《しんちゅう》のようで、その声は大水のとどろきのようであった。……顔は強く照り輝く太陽のようであった」。この幻を見たヨハネは「この方を見たとき、その足もとに倒れて死者のようになった」とも記します（黙示録1・14―17）。

神が栄光に輝くご自身をほんの一瞬示されるとしても、私たちはその御姿を、まともに見ることはできません。それでいて、全能の神の栄光が純粋で輝かしいことを聖書からどんなに教えられても、私たちは頭の中でわずかのことしか想像できません。どちらも、罪にまみれた人間が、ありのままの姿では、聖なる神の前に出られない、といっているのは確かです。「正義と不法に何の関わりがあるでしょう。光と闇《やみ》に何の交わりがあるでしょう」とパウロが言うとおりに（Ⅱコリント6・14）、栄光に輝く神と罪に汚れた人間の間には、決して橋を渡すことも埋めることもできない、深淵《しんえん》があるからです。

罪によって人間が神から切り離されていることは、旧約聖書に詳しく記されている幕屋《まくや》や神殿の構造を通して、目に見えるように明らかにされます。目に見えない神が人の手で造られた建物の中に入ったきりということはありませんが、イスラエルの民が神を礼拝し、神に従って歩んでいけるように、神はご自身と出会い、ご自身を礼拝する場所として、幕屋や神殿を造ることをお命じになりました。

その構造はいたって単純です。長方形の建物が二つに区切られるだけです。手前の広いほうは聖所、奥の狭《せま》い部屋は至聖所《しせいじょ》、と呼ばれます。この二つの部屋は厚い「幕」で仕切られており、至聖所には一年に一日だけ、大祭司と呼ばれる祭司のうちでいちばん偉い人が入っていけるだけです。そこが神のおられる場所だからです。その日に、大祭司は、イスラエルの民の罪を赦していただくため、犠牲の血を持ってそこに入ります。神はそこで大祭司と会い、その血を見て、民の罪を赦されました。この幕屋の構造は何を意味しているのでしょう。旧約聖書だけでなく新約聖書の著者たちも一貫したことを教えています。罪に汚れた人間と神の関係は、引き裂かれているというのです。

引き裂かれた結果、人間には死がもたらされました。肉体的に死ぬというのではありません。霊的な死、すなわち、たましいの唯一の根源であるいのちの神から、その人が永遠に隔離《かくり》されるというのです。「罪の報酬は死です」と書かれているとおりです（ローマ6・23）。聖書ははっきりと述べています。生きているうちにイエス・キリストを信じないなら、死んでから永遠に神から隔離され、地獄《じごく》に行かなければならないと。地獄の恐怖から逃《のが》れるために、多くの人は「地獄なんて空想の産物さ」と言います。しかし、だまされないでください。地獄は厳然たる現実です。イエス自身、地獄についてしばしば語られました。

イエス・キリストを信じて歩まなかった人びとにイエスは、「のろわれた者ども。わたしから離れ、悪魔とその使いのために用意された永遠の火に入れ」と宣告なさいます（マタイ25・41）。また地獄を「外の暗闇《くらやみ》」と表現し、それは光なる神から永遠に隔絶されたところであると言います（同30節）。「第二の死」とか「火の池」と呼ぶこともあります。これは人間がキリストを信じなかったために、一度死んだ後《あと》もう一度神の前から決定的に追放され、どんなに恐ろしい所に行かなければならないかを、象徴的に表現したことばです（黙示録20・14―15）。
罪によって人間が神から引き離されるというのは、聖書の単なる教えではなく、人生の経験でもあります。少年の頃《ころ》、何とかして神の前に出ようとして祈ったときの戸惑いを、私はいまだに覚えています。なぜか神は、かすみに包まれたかのようで、どうしたら私がそこに行けるのかがわかりませんでした。神は遠いかなたの存在で、つかみどころがなく思えたのですが、いまその理由がようやくわかるようになりました。イザヤが私に与えた答えはこうでした。

見よ。主の手が短くて救えないのではない。
その耳が遠くて聞こえないのではない。
むしろ、あなたがたの咎《とが》が、
あなたがたと、あなたがたの神との仕切りとなり、
あなたがたの罪が御顔を隠させ、
聞いてくださらないようにしたのだ。（イザヤ59・1―2）

エレミヤが「あなたは雲を身にまとい、／私たちの祈りをさえぎり」（哀歌3・44）というように、神に向かって私は、あなたが御顔を隠すのはなぜか、と文句を言いたくなりました。しかし

雲は、神のせいで出てくるのではありません。私の罪が雲をわき出させ、雲が太陽の光をさえぎるように、人間の側《がわ》の罪が神の御顔を見えなくするのです。

「私も同じ絶望感に悩まされたことがあります」と多くの人が告白するのを私は聞いてきました。ときには神が身近にいてくださる、と感じる人もいるかもしれませんが、たいていの人は、自分は神から遠く離れている、神から見捨てられているのだろうと思います。これは単なる気分の問題ではありません。事実がそうなのです。罪の問題が解決するまで、人間は答えを求めてあちらからこちらへとさまよい、悩み多き日々を過ごすのです。聖書の表現を借りるなら、人間は失われた存在であり、自分の罪によって死んでいるのです（エペソ２・１）。

ここに現代人の不安の根本的な原因があります。人の心には、神以外のものでは決して満足させられない飢《う》えがあり、神以外のだれにも満たせない空洞《くうどう》があるのです。多くの人はその空洞を、ほかの何かによって満足させようとします。女性週刊誌などのゴシップ記事、実際にはありえない恋愛や犯罪の映画、かけごとやアルコール、競輪や競馬、麻薬《まやく》、セックス、暴力。いくらでも挙げることができますが、人は神以外のものに満足を見いだそうと必死になり、いろんなことをします。これは、彼らが本当の満足を味わいたいと思っていることを物語っています。しかし、これらのもので心の空洞《くうどう》が埋められ、渇《かわ》きがいやされることは、決してありません。ますます神から離れていくだけです。アウグスティヌスは自分自身の経験を書いた『告白』の中で、次のように述べています。「あなたはあなたのために私たちをお造りになりました。だから私たちの心は、あなたを憩《いこ》いの場とするまでは、安きを得ないのです」。確かにそうです。人間は罪に汚れているために神から引き離され、本当の満足を得られず、神に造られた者としての運命から迷い出ているのです。

自我への束縛

罪は人を神から引き離し暗闇《くらやみ》の中に迷わせるだけでなく、奴隷のようにしてしまいます。人間は罪の奴隷である、というのこそ人の真の姿であり、人をそのようにすることこそ罪の本性であることを、私たちは知らなければなりません。罪は生活の表面に出てくる不幸な行動や習慣以上のもの、すなわち、人間の中に深く根ざしていて、抜こうにも抜き去ることのできない内的な腐《ふ》敗《はい》のことです。確かに、私たちが罪と認めるのは、実際の行動やことばなど表面に出てきたものであるかもしれません。しかし表面に出てきた行為は、実は私たちの心の中にある目に見えない病気が、表面に姿を現したにすぎないのです。このことについて、イエスはこんなたとえを話しておられます。

木を良いとし、その実も良いとするか、木を悪いとし、その実も悪いとするか、どちらかです。木の良し悪しはその実によって分かります。……心に満ちていることを口が話すのです。良い人は良い倉から良い物を取り出し、悪い者は悪い倉から悪い物を取り出します。
（マタイ12・33―35）

多くの人は、人間が悪を行うのは社会が悪いからだと言うでしょう。確かに私たち人間はよかれ悪しかれ、自分の育った環境や受けた教育、また政治・経済体制の影響を受けて生きています。またこの社会を完全によいものと思っていないために、それぞれにこの世界に正義・自由・幸福が実現することを願って生きています。そこで多くの社会改良家や革命主唱者が出て、この社会を変えようとします。しかしイエスはそういう人びととは違います。社会が悪いから人間が悪を行うのだ、と彼は言いません。人間の本性そのもの、彼が「心」と呼ぶものの内容が問題だ、と言うのです。

内側から、すなわち人の心の中から、悪い考えが出て来ます。淫《みだ》らな行い、盗み、殺人、姦《かん》淫《いん》、貪欲《どんよく》、悪行、欺《あざむ》き、好色、ねたみ、ののしり、高慢、愚かさで、これらの悪は、みな内側から出て来て、人を汚すのです。（マルコ7・21―23）

旧約聖書もこの真理を、おりに触れて教えています。「人の心は何よりもねじ曲がっている。／それは癒《い》やしがたい」とは預言者エレミヤのことばです（エレミヤ17・9）。
人の心の中にあるこの病気のことを、キリスト教は「原罪」と呼んでいます。原罪は遺伝と同じように親から受け継がれるもので、人格の一部分として数々の醜悪なかたちをとって実生活に姿を現す、自己中心に向かう習性と傾向のことです。聖書は原罪に関する記事であふれていますが、パウロは特に原罪のことを「肉」と呼び、その作用や結果を説明します。

肉のわざは明らかです。すなわち、淫らな行い、汚れ、好色、偶像礼拝、魔術、敵意、争い、そねみ、憤り、党派心、分裂、分派、ねたみ、泥酔、遊興《ゆうきょう》、そういった類《たぐい》のものです。
（ガラテヤ5・19―21）

私たちが奴隷だというのは、罪が人間の性質の内側に巣食う病だからです。私たちを虜《とりこ》にしているのは、ある特定の行動や習慣ではなく、悪の伝染病です。そして、この病の中から、そうした行動や習慣も生まれてくるのです。新約聖書が私たちを「奴隷である」と述べるのは、このような背景があるからです。憤慨するかもしれませんが、これは事実です。イエスが、「あなたがたは、わたしのことばにとどまるなら、本当にわたしの弟子です。あなたがたは真理を知り、真理はあなたがたを自由にします」と語られたとき、当時の宗教者の中には、本当に怒ってしまう人もいました。

彼らは反論しました。「私たちはアブラハムの子孫であって、今までだれの奴隷になったこともありません。どうして、『あなたがたは自由になる』と言われるのですか」

イエスは彼らに答えられました。「まことに、まことに、あなたがたに言います。罪を行っている者はみな、罪の奴隷です」（ヨハネ8・31―34）

パウロも、人間のこのどうしようもない姿に何度も触れて語っています。

あなたがたは、かつては罪の奴隷でしたが、……（ローマ6・17）

私たちもみな、不従順の子らの中にあって、かつては自分の肉の欲のままに生き、肉と心の望むことを行い、……（エペソ2・3）

私たちも以前は、愚かな者であり、不従順で、迷った者であり、いろいろな欲情と快楽の奴隷になり、……（テトス3・3）

自分をコントロールするのは大変難しいですが、舌をコントロールすることはほとんど不可能に近く、ヤコブはこう言います。

私たちはみな、多くの点で過ちを犯すからです。もし、ことばで過ちを犯さない人がいたら、その人はからだ全体も制御できる完全な人です。……舌も小さな器官ですが、大きなことを言って自慢します。見なさい。あのように小さな火が、あのように大きな森を燃やします。舌は火です。不義の世界です。舌は私たちの諸器官の中にあってからだ全体を汚し、人生の車輪を燃やして、ゲヘナの火によって焼かれます。……舌を制することができる人は、だれもいません。（ヤコブ３・２―８）

理想を高く持つことができても、意志が弱くてそれを貫《つらぬ》くことができません。善良な人間、正しい人間として生きたく思っても、自己中心という名の牢獄《ろうごく》につながれていて、だれもそこからは脱出できないのです。「私は自由だ」と叫んでみるものの、実際上は罪の奴隷なので、悪事ばかり繰り返すのです。人間に残されている道は一つしかありません。神のもとに来て、こう言うのです。

主よ。だめでした。
これという、どたんばの
生の戦いにのぞむと、
私は勝つことができないのです。
いま言えるのは、私が
あまりに弱く、かつ不誠実で、
人間的な試みに
つまずき、倒れた、ということばかりです。

ストダード・ケネディ

倫理・道徳を数えきれないほど与えられても、私たちには何にもなりません。どうせそんなものは守りきれないからです。周《まわ》りの人間が「してはいけない」といくら言っても、あるいは神がどれほど「すべからず」と命じても、死ぬまで私たちはしてはならないことをし続けますし、世の終わりまで人間として変わることはないでしょう。どんなに素晴らしい講演や説教も、またどんなに固い決断も無力なのです。必要なのはこちら側《がわ》の努力ではなく、救い主です。自己中心から、自分を解放してくれる救い主です。この方だけが、自分自身をコントロールし、罪に打ち勝つ力を与えてくれるのです。

他人との相克

罪のもたらす結果はこれがすべてではありません。少なくともいまひとつ考えなければならないのは、他の人との関係に罪が及ぼす影響です。罪は私たちと神との間に深刻な亀裂《きれつ》をもたらし、私たち自身のうちに救いようのない腐敗《ふはい》を生み出します。この罪は人格の奥底に根をはり、人間のエゴを支配し、あらゆる点で自己中心的な人間をつくり出します。この自己中心性こそは、人間関係を破壊するものなのです。

前章「罪の事実と本質」で、十戒を一つ一つ見ましたが、聖書には十戒全体を簡単にしたことばがあります。最も大切な戒《いまし》めとして、イエスが語られたことばがそれです。

「あなたは心を尽くし、いのちを尽くし、知性を尽くして、あなたの神、主を愛しなさい。」これが、重要な第一の戒めです。「あなたの隣人を自分自身のように愛しなさい」という第二の戒めも、それと同じように重要です。この二つの戒めに律法と預言者の全体がかかってい

るのです。（マタイ22・37―40）

これはレビ記の一節（19・18）と申命記の一節（6・5）を継ぎ足したことばですが、十戒の前半が神と人間との関係について、後半が人間同士の関係を述べたものであったように、イエスは最も大切な戒《いまし》めとして「神を愛すること」、そして次にそれと同じくらい大切なこととして「隣人を愛すること」を挙げました。最後には、自分自身をも愛しなさい、とおっしゃいます。ところが多くの人は、この順序を反対にします。まず自分を第一にし、次にかろうじて隣人を大切にし、神を置きざりにするのが、現実です。

最近『ディア・ミー』（親愛なる私）という書名で、自叙伝を著した人がいます。この人は私たちの思いを、少々露骨に言い表したにすぎません。子どものパーティーにアイスクリームが出てくると、「ぼく」、「あたし」という叫び声が、いっせいに上がります。子どもは正直ですから、自分の思いを率直に表明します。私たち大人はどうでしょう。「私が一番」と声に出さなくても、心の思いは子どもと大差がないのではないでしょうか。この真理は、ウィリアム・テンプルが下した原罪の定義によく表されています。

私が、私の目に見える世界の中心なのである。実際、地平線すら私の立っている位置で決まる。教育は私の視野を拡《ひろ》げようとして、私の自己中心性にいくぶんか手を加えてくれる。しかし結局のところ、それも塔に登るときのような結果を生むだけである。目の前に拡がる世界を目にし、視野を拡げさせられても、依然として自分をその考えの中心または規準としてとどめておくからだ。(『キリスト教と社会秩序』一九四二年)

この自己中心性は、私たちのあらゆる行動に影響を及ぼします。特に他人との協調を難しくします。こんなところにも、その影響は現れます。私たちはだれでも、優越感や劣等感を少なからず持っています。自分を基準として、他人が自分より劣っていると、優越感にひたります。ところが自分より相手がまさっていると、劣等感に打ちひしがれ落ち込みます。このどちらも人間関係にひびをもたらします。いったいどれだけの人が聖書のいうように、「慎《つつし》み深く考える」ことができるでしょう(ローマ12・3)。

少年犯罪の原因にしても、あれこれといろいろな理由が挙げられます。親子関係・兄弟関係・友達関係など。そういう環境が問題の一つの原因であることは、認めないわけにいきません。しかし何よりも確かなのは、彼らが自分の周《まわ》りの何かに反抗して、自分を主張した結果そうなったことです。離婚の数も、夫婦のどちらかが「私のほうが悪かった」と言いさえすれば、どんなにか減ることでしょう。私はしばしば、夫婦の関係に行きづまった人から相談を受けます。そのとき私が気づくのは、それぞれの言い分があまりにも食い違っていることです。ときには食い違いが大きすぎて、二人が同じことを問題にしているとは思えないくらいです。

ほとんどの争いは誤解が原因ですが、そういう誤解はたいてい、相手の意見を尊重しないところから起こってきます。相手が何かを言う前にこちらがしゃべり、相手の言うことを聞こうともせずに議論するのは、言ってみれば当たり前かもしれません。しかし、もし私たちが相手の言い分に耳を傾けたら、どうなるでしょう。家庭内の争いはもちろん、友達関係においても、職場でも、ずいぶん人間関係がスムーズになるはずです。ところが、自分には厳しく、他人には甘く、と内心で思っていても、事は思うようになりません。つねに自己中心の心がむくむくと頭をもたげてくるからです。結局は、自分に対して寛容で、相手に厳しく批判的になるのです。

複雑な国際間の紛争も同じです。国際間の問題が個人的な罪から起こることについては、賛否両論があるでしょう。しかし少なくともそれら問題の多くは、自国を擁護して相手国を非難するところから始まることを考えれば、問題の根源はやはり自己主張、すなわち自分を中心に、すべてを行おうとするところにあるといわなければなりません。もし自己主張の精神が自己犠牲の精神にとって代わるなら、国際間の争いも、小さな人間関係のいざこざも、いっぺんになくなるのです。聖書はこの自己犠牲のことを「愛」と呼びます。所有欲が罪の現れであるとするなら、包容力は愛の現れです。罪はすべてを自分のものにしようと欲しますが、愛は与えることを真の喜びとします。

愛は　つねに　与える
赦して　すべてを　手放す
愛は　つねに　手をひろげ
生きるかぎりは　与えつづける
与え　与えて　なお与える
これこそ　まさに　愛の特権である

私たちが必要とするのは、自己中心の心を根本から変えてもらうことです。H・M・ガトキンが言っている「自己から無自己への変化」を経験することです。しかし、だれ一人自分の力で自分を変えることはできません。医者が自分で自分を手術できないのと同じです。自分の手に負えないことをしてくださる救い主が、私たちに必要なことは、いまや明らかです。

これほどまでにして罪の問題を取り上げなければならない理由は一つしかありません。それは、救い主イエス・キリストが私たちに必要であることを認め、彼が私たちにどんな救いを提供しているのかをはっきりと理解するため、そして救い主を受け入れる態勢を整えるためです。受け入れ態勢とはどんな状態のことを指すのでしょう。徹底的に自分に絶望し、あいそをつかすことです。自分に満足し、このままで大丈夫だと思っている人は、どうして救い主を必要とするでしょう。しかし、現実は違います。自分には一パーセントだって、満足できる部分はないのです。自分に絶望して、初めて受け入れ態勢は整うのです。イエスは言いました。「医者を必要とするのは、丈夫な人ではなく病人です。わたしが来たのは、正しい人を招くためではなく、罪人を招くためです」（マルコ２・17）。あなたは、自分が医者を必要としている病人であることを理解できたでしょうか。救い主を必要とする罪人であることを真に理解することができたでしょうか。

7　キリストの死

キリスト教は救済の宗教です。そのようなものとして、神が、キリストにおいて、私たちを罪の束縛から解放するために、イニシアティヴをとられた、とキリスト教は主張します。聖書はこの点をその中心主題としています。

マリアは男の子を産みます。その名をイエスとつけなさい。この方がご自分の民をその罪からお救いになるのです。（マタイ1・21）

人の子は、失われた者を捜して救うために来たのです。（ルカ19・10）

「キリスト・イエスは罪人を救うために世に来られた」ということばは真実であり、そのまま受け入れるに値するものです。（Ⅰテモテ1・15）

私たちは、御父が御子を世の救い主として遣わされたのを見て、その証しをしています。
（Ｉヨハネ４・14）

もう少し具体的にいいましょう。前章で見てきたように、罪が重大な三つの問題を私たちに投げかけるので、救済の宗教であるキリスト教はそれら三つの問題のすべてから私たちを解放します。まず、救い主なるイエス・キリストを通して、私たちはさまよっている状態から神と和解するところまで導かれます。その結果、新しく生まれ変わり、新しい性質を与えられ、古い道徳的束縛から自由にされます。それだけでなく、以前のぎすぎすした生活の代わりに愛の交わりに入れられるのです。

ここではこれを救いの三段階と呼ぶことにしましょう。第一段階が神との和解。第二段階が新しい性質。そして第三段階が新しい交わりです。神との和解は、キリストが死の苦しみを受けることによって可能となりました。新しい性質はキリストの御霊という賜物《たまもの》を通して与えられ、新しい交わりはキリストの教会によって実現します。この章では第一段階の、キリストの死による神との和解について学び、第二、第三段階については次章で学ぶことにします。

キリストによる救いを宣べ伝えることをパウロは「和解の務め」と言い、救いのメッセージのことを「和解の福音」と述べます。彼は、この和解がだれからもたらされるかを、はっきりと記します。彼によると、和解の源《みなもと》は神であり、その動因はイエス・キリストです。「これらのことはすべて、神から出ています。神は、キリストによって私たちをご自分と和解させ」（Ⅱコリント5・18）。パウロは、「神はキリストにあって、この世をご自分と和解させ」とも言います（同19節）。イエスが十字架の上で成し遂げられたすべてのことは、神の意志から出たものであり、神の変わることのない計画によるものであったというのです。キリストの死による救いについて考えるときには、このことをまずしっかりと受け止めなければなりません。

神は、実に、そのひとり子をお与えになったほどに世を愛された。それは御子を信じる者が、一人として滅びることなく、永遠のいのちを持つためである。（ヨハネ3・16）

なぜなら神は、ご自分の満ち満ちたものをすべて御子のうちに宿らせ、その十字架の血によって平和をもたらし、御子によって、御子のために万物を和解させること、すなわち、地にあるものも天にあるものも、御子によって和解させることを良しとしてくださったからです。（コロサイ1・19—20）

さて、「和解」とは何でしょうか。ローマ人への手紙5章10節には二度この語が出てきますが、そこによると和解とは、敵対関係にあった二者を一つにし、仲直りさせて、それを一緒に喜び合うことです。パウロは、次のようにも言います。私たちが神と仲直りし、和解するというのは、救い主であり主であるイエス・キリストを通して「受ける」何かであって、私たちが一生懸命努力すれば獲得できるというようなものではない、と。私たちは和解を神からの贈り物として、キリストを通して受け取る以外に、方法はないのです。

私たちの罪は神との間に敵対関係を生み出しました。しかしイエス・キリストがつけられた十字架は、その関係を清算し、人間と神を再び一つにします。罪は敵意を生じさせました。十字架はそれを取り除き、両者の間に平和をもたらします。罪は人と神との間に越えることのできない溝《みぞ》を作り出しました。十字架はそこに橋をかけます。罪は神との交わりを破壊しましたが、十字架はそれを回復させるのです。

これだけいえば十字架がキリスト教にとってなくてならないことがおぼろげながらわかるでしょうが、このことをもう少し掘り下げてみましょう。なぜイエスが十字架にかからなければならなかったのか、私たちにはなぜ十字架が必要だったのかを考えておきましょう。

十字架の中心性

キリスト教の教えの中心にイエスの死があることを理解するためには、私たちはまず旧約聖書を開いて読まなければなりません。旧約聖書を少しでも読んだ人なら、そこで「いけにえ」が重要視されていることに気がついたでしょう。旧約聖書は最初から、供え物の記事であふれています。最初の人アダムとエバの間に、カインとアベルという男子が二人生まれました。アベルは羊を飼う者になりました。そしてあるとき彼は、自分の群れの中からいちばんいい子羊を選び、それを神に供えました。神はそのとき「アベルとそのささげ物に目を留められ」ました（創世4・4）。

それ以来、神を礼拝しようとする者はみな、そのつど供え物を神のもとに携えてくるようになりました。神がモーセを通して律法を与え、細かに供え物のささげ方を決めるはるか以前から、祭壇が築かれ、牛や羊などの動物が殺され、血が流されるという光景は、イスラエルでは普通の光景になったのでした。モーセの時代になり、シナイ山で神とイスラエルとの間で契約が結ばれてからは、それまで自発的に行われてきたことが神の定めに従って行われるようになりました。

紀元前八世紀および七世紀の偉大な預言者たちは、イスラエル民族の中にある形式主義や不道徳を激しいことばで非難していますが、それでも神殿で動物をいけにえにささげる儀式は守られ、紀元七〇年にエルサレムがローマ軍の手で壊滅するまで続きました。だからユダヤ人ならだれでも、全焼のささげ物、交わりのいけにえ、罪のきよめのささげ物、代償のささげ物のことや、それらがささげられる日ごと、週ごと、月ごと、年ごとの特定の儀式のことは、よく知っていました。彼らにとってこれらの儀式は、生活の中に組み込まれていたからです。これらは教育的効果をも持っており、これらの儀式を通して「肉のいのちは血の中にある」（レビ17・11）こと、また「血を流すことがなければ、罪の赦しはありません」（ヘブル9・22）という根本的な教えを、彼らは十分に知っていました。

旧約聖書に書かれているいけにえがやがて来られるキリストを暗示しており、キリストこそまことのいけにえであることを、預言者や詩人たちは神から示され、そのことをはっきりと告知し、預言しました。いくつかの詩篇の中で不当な迫害を受け、無実の罪に苦しむとされているのは、後《のち》にイエスのことであったと認められました。殺されて羊を四散させてしまうゼカリヤの羊飼い（ゼカリヤ13・7、マルコ14・27）、あるいはダニエル書に出てくる、断たれる「油注がれた者」（ダニエル9・26）なども同じです。

しかし、どの預言もイザヤが書き記した「しもべの歌」（イザヤ53章）の前では、色あせてしまいます。そこには、このように書かれています。神の正しいしもべは人びとからさげすまれ、のけ者にされ、痛めつけられ、苦しめられ、他人の罪のために傷つけられ、殺される。それは神の計画であり、神は身代わりとしての彼の上に、すべての人の罪を負わせる、と。新約聖書でイエス自身が、旧約聖書の預言に言及し、「次のように書いてあります。『キリストは苦しみを受け……」と語っておられるとおりです（ルカ24・46）。

イエスは地上に生きているうちは、自分が一つの運命にしばられていることをはっきり自覚しておられました。旧約聖書は、自分のことを証言するために書かれたもので、そこに預言されていることはみな、自分に起こるということも、知っておられたのです。これは、彼が受けようとしていた苦難を特に明らかにしていました。イエスが弟子たちとピリポ・カイサリアの地方に行ってした、「あなたがたは、わたしをだれだと言いますか」というイエスの質問に、ペテロが「あなたはキリストです」と告白すると、その直後からイエスは弟子たちに、「人の子は多くの苦しみを受け、長老たち、祭司長たち、律法学者たちに捨てられ、殺され……なければならない」と教え始められました（マルコ8・27―31）。

問題はこの「なければならない」です。それは彼に負わされた、一種の強迫観念でしたが、父である神から啓示された計画としてイエスがそれを受け止めておられたことも意味します。そのため、イエスはしばしば「なければならない」と語られたのです。たとえばルカの福音書には、次のように書かれています。「わたしには受けねばならないバプテスマがある。そして、それを受けてしまうまでは、わたしはどんなにか苦しい思いをすることであろう」(12・50、口語訳)。

彼はまた、自分の死ぬべき「時」が決まっていることを自覚しておられ、その「時」に向かって生きていかれました。周《まわ》りの人がイエスに、「もっと公に活動したらどうだ」と言ったとき、イエスは「わたしの時はまだ来ていません」と答えた、とヨハネは記し、そのほかに数回「イエスの時がまだ来ていなかった」と書きました(ヨハネ7・6―30、8・20)。ところが十字架にかかる前夜、逮捕される直前にイエスは、「父よ、時が来ました」と言って、その「時」の到来を宣言なさいました。

試練を間近にしたイエスは、恐れにかられました。それで、「今わたしの心は騒いでいる。何と言おうか。『父よ、この時からわたしをお救いください』と言おうか。いや、このためにこそ、わたしはこの時に至ったのだ。父よ、御名の栄光を現してください」と叫びました(同12・27)。このようにしてついにイエスの逮捕される時が来ると、ペテロはイエスを守ろうとして剣《つるぎ》を抜き、一人の男の耳を切り落としました。するとイエスは、「剣をさやに収めなさい。父がわたしに下さった杯《さかずき》を飲まずにいられるだろうか」と言って、ペテロをたしなめました(同18・11)。

マタイの福音書によると、イエスはこのとき、さらに、「それとも、わたしが父にお願いして、十二軍団よりも多くの御使いを、今すぐわたしの配下に置いていただくことが、できないと思うのですか。しかし、それでは、こうならなければならないと書いてある聖書が、どのようにして成就するのでしょう」と語ったとあります（26・53―54）。
旧約聖書の預言の中でも、イエス・キリストの自覚の中でも、十字架がほかに比べるものがないほど重要な教えであることは、新約聖書の著者たちも十分気がついていました。福音書の著者たちはイエスの生涯を書き記しましたが、イエスが死ぬ前の一週間のできごとと十字架の記述の量は、他の部分に比べると異常といえるくらいです。マタイの福音書では全体の五分の二、マルコの福音書は五分の三、ルカの福音書は三分の一、そしてヨハネは彼の福音書のほとんど半分をそれに費やします。

ところで、手紙はどうでしょう。特にパウロの手紙には、福音書で暗示されたすべてのことが明快に記述されます。使徒パウロは、十字架を思い起こさせようと何度も読者に語りかけます。また、神の御子であるキリストが「私を愛し、私のためにご自分を与えてくださった」のだから、「私たちの主イエス・キリストの十字架以外に誇りとするものが、決してあってはなりません」と言って、救い主が自分のために死んでくださった事実を、負い目として強く受け止めます（ガラテヤ2・20、6・14）。

ギリシア哲学の惑わしに足をすくわれかねなかったコリントの教会の人たちには、パウロはこう書きます。「ユダヤ人はしるしを要求し、ギリシア人は知恵を追求します。しかし、私たちは十字架につけられたキリストを宣べ伝えます。ユダヤ人にとってはつまずき、異邦人《いほうじん》にとっては愚かなことですが、ユダヤ人であってもギリシア人であっても、召された者たちにとっては、神の力、神の知恵であるキリストです」（Ｉコリント１・22—24）。パウロはギリシアの町々に伝道し（第二次伝道旅行）、アテネをへてコリントへやって来たとき、まさにこのこと、十字架のことを宣べ伝えました。「私は、あなたがたの間で、イエス・キリスト、しかも十字架につけられたキリストのほかには、何も知るまいと決心していたからです」（同２・２）。「私があなたがたに最も大切なこととして伝えたのは、私も受けたことであって、次のことです。キリストは、聖書に書いてあるとおりに、私たちの罪のために死なれた」（同15・３）

新約聖書の中でイエス・キリストの十字架を強調するのは、福音書記者やパウロだけではありません。どの著者も同じように、それを力説します。イエスの筆頭《ひっとう》弟子であったペテロが十字架のことをどう考え、どう理解していたか、そしてどのように書き残したかについては、あとで詳しく述べます。ここでは他の書のことを少し紹介しましょう。ヘブル人の手紙はイエスの十字架の意味についてかなり詳しい説明をしますが、イエスがこの世に来られた目的については、「キリストはただ一度だけ、世々の終わりに、ご自分をいけにえとして罪を取り除くために現れてくださいました」と記します（９・26）。またヨハネの黙示録は、天国にいて栄光に輝くキリストのことを「ユダ族から出た獅子《しし》」としてだけでなく、「屠《ほふ》られた姿」の子羊として、父なる神の御座のかたわらに立つと書きます（５・５—６）。さらに黙示録は、無数の聖徒や天使たちが、「屠られた子羊は、／力と富と知恵と勢いと誉れと栄光と賛美を／受けるにふさわしい方です」と言って、十字架で死なれたキリストをたたえる情景を描写します（同12節）。

このように私たちは、創世記の初めから黙示録の終わりまで、一本の糸をたどることができます。つまり、イエスの死こそは、あの難解で分厚い聖書の迷路を通り抜けさせる、糸なのです。教会は聖書が、最も大切なものとして強調するこの十字架の教えを、そのまま認め、宣べ伝えてきました。多くの教会では洗礼を授《さず》けるとき、洗礼を受ける者の額に、十字架のかたちを象徴として記します。また信者が死ぬと、墓標に十字架を立てます。中世の時代には敷地が十字架の形をした教会堂が各地に建てられましたし、会堂の中には壁や窓など、いろいろなところに十字架の形を刻みました。今日ではペンダントに十字架をつけるクリスチャンが少なくありません。これは決して偶然なことでも、意味のないことでもないのです。十字架はイエス・キリストを信じる者の信仰のしるしです。十字架のないキリスト教はキリスト教ではありません。それはなぜでしょう。次には、十字架の意味を考えてみることにしましょう。

十字架の意味

十字架の意味を考える前に、私は正直に一つのことを告白します。それは、十字架についてはまだ多くのことがわからず、神秘に包まれたままであることです。確かに十字架は聖書のキリスト教の中心であり、歴史の意味を解く鍵《かぎ》です。しかし、その事実はあまりにも偉大な意味を持ち、深遠なので、私たちの弱い頭脳ではそれを完全に理解できないのです。パウロですら、こう言います。「今、私たちは鏡にぼんやり映るものを見ています」と（Ｉコリント13・12）。しかしいつか鏡をぼやけさせる曇りは完全に取り除かれ、何もかもすべてが明らかになるでしょう。「そのときには顔と顔を合わせて見ることになります。今、私は一部分しか知りませんが、そのときには、私が完全に知られているのと同じように、私も完全に知ることになります」（同12節）

ですからここでは、すべてが明らかにされないという限界をわきまえつつ、しかしいつか明らかにされるという希望を抱いて、筆を進めていきたいのです。私はここで、イエス・キリストの死についてペテロが彼の手紙に記したいくつかのことを説明しながら、その責任を果たすことにしたいと思っています。ペテロの手紙を私が取り上げる理由は三つあります。

第一の理由は、ペテロが、イエスの多くの弟子たちの中から選ばれた十二弟子の一人であり、中でも最も信頼された三人の弟子「ペテロ、ヤコブ、ヨハネ」の一人であり、しかもその三人のうちでイエスにいちばん目をかけられていたからです。彼は他のどんな弟子たちより、イエスと親しくしていました。ですからペテロは、イエスがご自身の死について考え教えていたことを、他のだれよりもよく理解していたはずです。事実、彼の手紙には、イエスの教えにまつわる明白な記憶がいくつも紹介されています。

第二に、私が確信をもってペテロを取り上げるのは、彼自身が最初、イエスが十字架にかけられて殺されると語られたことを、なかなか受け入れなかったからです。実は、「あなたは生ける神の子キリストです」と言って、イエスが本当の救い主、キリストであることを、最初に認めたのはペテロでした。ところがその告白をした同一人物が、イエスが「多くの苦しみを受け、殺され……なければならない」と語り始めるやいなや、「主よ、……そんなことがあなたに起こるはずがありません」と激しく抗議しました。以後、イエスが十字架にかかるまで、彼は「死ぬキリスト」という考えを、受け入れようとせず、かたくなに否認し続けました。十字架前夜のゲツセマネの園では、イエスを捕縛しに近づいてきた人の一人に、剣《つるぎ》をかざして立ちはだかりました。

ところが、その努力もむなしくイエスが捕らえられると、それ以上もう彼は抵抗せず、遠くからイエスについて行って、事を見届けるだけでした。失意の底に沈んだ彼は、イエスがさばかれている大祭司の中庭で、自分がイエスの弟子であることを三度も否定しました。そのあと彼は激しく泣きますが、それは自責の涙であると同時に、絶望の涙でもありました。

復活後イエスご自身から、「キリストは苦しみを受け、三日目に死人の中からよみがえ」(ルカ24・46)らなければならなかったのだという聖書の教えを聞き、ペテロはようやくキリストが死なねばならなかったことを理解し始め、信じられるようになったのです。その後、数週間するかしないかで彼は、「神は、すべての預言者たちの口を通してあらかじめ告げておられたこと、すなわち、キリストの受難をこのように実現されました」と群衆に向かって説教できるほど、この真理を把握するに至りました（使徒3・18）。彼の手紙には、「キリストの苦難と栄光」に関する発言がよく出てきます。私たちも最初のうちは十字架の必然性をなかなか認められず、その意味を理解できないかもしれません。だからもし、そういう私たちを説得し、教えることのできる人がいるとすれば、それはペテロをおいてほかにいないのです。

第三に、ペテロの手紙第一に出てくるキリストの十字架に関する発言は、いわば補足程度のものだったことがあります。もしペテロが、キリストの十字架の必然性を論証しようと意気込んで筆をとっていたならば、その手紙は宣伝的な意図のゆえに信用を失っていたでしょう。ところが、彼の記述は自然で技巧《ぎこう》がありません。彼は神学的な理論を構築しようとしていたわけでなく、ただ明白な倫理上の義務を強調しようとしていただけです。彼は読者に、互いに聖《きよ》さを保ち、忍耐をもって苦しみに耐えることを勧め、励みになるようにキリストの十字架を引き合いに出したにすぎません。

《模範として死なれたイエス・キリスト》

ペテロの手紙は紀元六四年から六八年の間に書かれたといわれますが、それはちょうど皇帝ネロの時代に当たります。ネロは当時、キリスト教の教会に敵意を抱いていました。それで多くのクリスチャンは、いつ迫害の手が自分に伸びてくるか、と恐怖におびえていたのです。暴行事件は日常茶飯事《にちじょうさはんじ》で、もっと大きな迫害が起こることも予測されていました。

ペテロはこんなとき、その手紙第一2章18—25節で、単刀直入《たんとうちょくにゅう》そのものといえる忠告を与えたのです。もし奴隷がクリスチャンだということで異教徒の主人からひどい扱いを受けるとしたら、それは悪行に当然加えられる刑罰を受けるのとは違う。悪事のために処罰されるのなら、刑もやむをえないが、そうでないのならクリスチャンはむしろ正しさのために苦しめられ、キリストを信じるがゆえに非難されるのであるから、抵抗や仕返しすることを考えることなく、むしろ進んで処罰を受けるがよい。善を行って苦しみを味わい、それを耐え忍ぶならば、それは神に喜ばれることなのだ、と。

ペテロはここまで述べたところで、その記述を突然キリストの十字架に移します。あなたがたがイエス・キリストを信じるようになったのは、まさにそうするためだったのだと言い、その理由として次のように書きます。「キリストも、あなたがたのために苦しみを受け、／その足跡に従うようにと、／あなたがたに模範《もはん》を残された。／キリストは罪を犯したことがなく、／その口には欺きもなかった。／ののしられても、ののしり返さず、／苦しめられても、脅すことをせず、／正しくさばかれる方にお任せになった。／キリストは自ら十字架の上で、／私たちの罪をその身に負われた」と（2・21―24）。

イエスは私たちに模範を残そうとして、そうなさいました。ここでペテロが使った「模範」というギリシア語は、新約聖書にはめったに出てこない、習字の手本、すなわち生徒が字を習い始めるとき手本にする、教師の書いた完全な習字手本帖《てほんちよう》を指すことばです。私たちがクリスチャンとして成長していきたければ、私たちはイエスを模範として自分の生活を築き上げなければなりません。私たちはイエスの足跡に従うのです。もう一度思い出してください。ペテロがどんな人物であったかを。彼はかつて、イエスと一緒になら牢獄《ろうごく》へだろうと、死なねばならなかろうと、ついて行きます、と意気込んだのです。ところが現実には、遠くからこそこそとついて行くだけでした。その後、死の中からよみがえったイエスから「わたしに従いなさい」とことばをかけられて、ようやく裏切りによる挫折《ざせつ》から立ち直ったのです（ヨハネ21・19―22）。数十年後ペテロはいま、迫害にあい、死の危険にさらされている信者たちに、私がイエスの十字架以来、彼を模範とし、どこまでも忠実に歩んできたように、あなたがたもイエスを模範にしなさい、と勧めたのです。

この勧めは一世紀におけると同様、二十世紀後の今日においても、心地よい響きを持っていません。それどころか、抵抗しないで不当な苦しみに耐え、悪にさらされても善行で報いなさいというこの命令ほど、私たちの自然的な本能と真正面から対立するものはほかにないくらいです。しかしイエスの十字架は、悪い仕打ちを甘んじて受け、敵を愛し、問題は神に任せなさいと、いまも語り続ける、聖書が挙げている模範なのです。

ところで、イエスの死は人を感激させる模範でしかないのでしょうか。もしそれだけだとすれば、福音書に記されているイエスのことばの多くは不可解なまま残ります。イエスが語った「多くの人のための贖《あがな》いの代価として、自分のいのちを与える」（マルコ10・45）とか、「これは多くの人のために、罪の赦しのために流される、わたしの契約の血です」（マタイ26・28）といったことばは、どうなるのでしょう。模範には人を救う力はありません。手本は人に赦しをもたらすわけではありません。

それにしても、十字架を目前にしたイエスの心は、なぜあれほど重苦しく、不安に押しつぶされそうだったのでしょう。ゲツセマネの園でのあの恐ろしい苦悩、涙、血の汗のしたたりは、どう説明したらいいのでしょう。「わが父よ、できることなら、この杯《さかずき》をわたしから過ぎ去らせてください」（マタイ26・39）。「わが父よ。わたしが飲まなければこの杯が過ぎ去らないのであれば、あなたのみこころがなりますように」（同42節）

イエスが、できれば飲まずにすませたいと思った杯とは、十字架につけられたら殺されるということ、「死」の象徴だったのでしょうか。すると、彼は苦しみや痛み、死を恐れていたことになります。もしそうなら、彼の死は、服従と忍耐の模範になっても、勇気ある人間の模範にはできません。プラトンによると、ソクラテスはアテネの獄中《ごくちゅう》で、何のためらいもなく進んで毒杯《どくはい》を飲み干したということです。すると、勇敢さではソクラテスのほうがイエスよりも数段上だったのでしょうか。それとも、彼らの杯には、異なる毒が盛《も》られていたのでしょうか。

マタイはイエスが十字架にかけられたときのことを詳しく記します。イエスが十字架の上で息を引き取るまで三時間、全地が暗闇《くらやみ》におおわれたこと、死の直前に彼が「わが神、わが神、どうしてわたしをお見捨てになったのですか」と叫ばれたこと、神殿の中にかけられていた大きな幕が上から下までまっぷたつに裂けたことも（27・45―51）。イエスがもし模範として死んだだけだったのなら、それらのできごとには何の意味もないことになります。というより、「どうしてわたしをお見捨てになったのですか」という叫びは、単なる絶望のことばとして残り、彼の模範《もはん》としての死に方に大きなダメージを与えます。

イエスの死を単なる模範とすると、聖書のことばの多くは神秘に包まれた、理解できないものになるばかりか、私たち人間の必要も満たされないまま終わることになります。私たちに必要なのは単なる手本でなく、救い主です。模範は私たちの想像力をかきたて、理想を与え、決意を新たにさせますが、私たちの犯す罪の汚れをきよめ、良心の呵責《かしゃく》を取り除き、人を神のもとに立ち返らせることはできません。新約聖書の著者たちはそれで、イエスの死を模範として描くだけでなく、絶えず人間の罪と結びつけて書くのです。

キリストは、聖書に書いてあるとおりに、私たちの罪のために死なれた。（Ⅰコリント15・3）

キリストも一度、罪のために苦しみを受けられました。正しい方が正しくない者たちの身代わりになられたのです。（Ⅰペテロ3・18）

キリストは罪を取り除くために現れた。（Ⅰヨハネ3・5）

新約聖書の代表的著者であるパウロとペテロとヨハネの三人は、このように口をそろえて、イエスの死を私たちの罪にまっすぐ結びつけます。

《私たちの罪を背負って死んだキリスト》

ペテロは手紙第一2章24節で、キリストが「キリストは自ら十字架の上で、／私たちの罪をその身に負われた」と述べて、彼の死と私たちの罪の関係を説明します。この「罪を負う」という表現は、私たちの耳に少し異様《いよう》に聞こえるかもしれません。これを理解するのに、私たちは旧約聖書に戻って考えなくてはなりません。この表現は、レビ記と民数記によく出てきます。多くの場合、神がイスラエルの民に与えた律法を犯した者について、「彼はその咎《とが》を負う」とか、「彼はその罪を負う」という使われ方をします。たとえば次のように。「もし人が罪に陥っていて、主がしてはならないと命じたすべてのうち一つでも行いながら自覚がなく、後になって責めを覚えるなら、その人はその咎を負う」（レビ５・17）。この一文からわかるのは、「罪を負う」とは、罪の結果に苦しみ、罪のため罰を受けることを意味しているということです。

原則として、罪の責任は罪を犯した者がとりますが、旧約聖書のあちこちには、罪を犯した者の代わりに他人が罪の責任をとることができる、とあります。その一例は、誓約《せいやく》の有効性を扱っている民数記30章です。男またはやもめ女が立てた誓いの責任は本人がとらなければならないが、未婚の女性や結婚した女性の誓いはそれぞれの父または夫の許可なしには立てられず、もし男が女の立てた誓いについて知らされており、それを許可しておき、後日それを愚かしいことだといって撤回すれば、誓いについて聞いていた男性が、誓いを立てた女性の罪を負わなければならなくなると定めています。

これに似た例は、預言者エレミヤによる哀歌の終わりのほうにも見いだされます。「私たちの先祖は罪を犯し、今はもういません。／彼らの咎は私たちが負いました」（５・７）

私たちの罪の責任とその結果を、罪を犯した当人以外のだれかが背負うというのは、今日では奇異なことと思えますが、モーセの律法による旧約聖書のいけにえの制度を見ると、それが何を教えようとしているかは明らかになります。神はイスラエルの民の罪を取り除くために、「罪のきよめのささげ物」の儀式をモーセにお示しになりました。その儀式では、山羊《やぎ》が連れて来られ、殺されます。それは何のためだったのでしょう。レビ記には、こう書いてあります。「それ（山羊）は、会衆の咎《とが》を負い、主の前で彼らのために宥《なだ》めを行う」ものである、と（10・17）。

同じように、年に一度宥めの日に、大祭司は自分の手を山羊《やぎ》の頭に載せるように定められていました。それは全国民の代表である大祭司が、民のすべてを代表して、罪を告白するためです。そのようにすると、罪は山羊に転嫁《てんか》され、山羊はイスラエル国民のすべての罪を負うものとなるのです。その後《のち》山羊は、荒野に放たれて、儀式は終わります。「雄やぎは彼らのすべての咎を負って、不毛の地へ行く。その人は雄やぎを荒野に追いやる」（同16・22）。これは象徴的な儀式ですが、「罪を負う」行為が身代わりの山羊により行われること、また、山羊が罪を犯した人の代わりに罪の刑罰を引き受けることを、儀式として神が定められたといいます。

このような神の方法は、当時のイスラエル人にとって驚くべきことであっても、彼らの必要を満たすものでした。しかし動物の血が、人間の罪を完全に除くというのは、できない相談です（ヘブル10・4）。それで神は、預言者を通して、それを真の救い主が現れることを予告するものとなさったのです。とりわけ有名な預言が前述の「しもべの歌」、そうです、預言者イザヤが書き記した苦難のしもべに関する預言でした。この罪なき受難者は、本来、いけにえの供え物となることを意図されて、イザヤ書で歌われました。彼は「口を開かない」ばかりでなく、神が「私たちすべての者の咎を／彼に負わせた」ので、「屠《ほふ》り場《ば》に引かれて行く羊のように、／毛を刈る者の前で黙っている雌羊《めひつじ》のように」見え、「自分のいのちを／代償のささげ物」としてささげるのでした。私たち人間はみな「羊のようにさまよ」うのだけれども、彼も羊のように「彼は私たちの背きのために刺され、／私たちの咎のために砕かれたのだ。／彼への懲らしめが私たちに平安をもたらし、／その打ち傷のゆえに、私たちは癒《い》やされた」と言えるようになるのです（イザヤ53・5―10）。このように見てくるとこの受難者は、イスラエルの民の罪を背負って死んでいったあの山羊と同じように、まさに〈身代わり〉となって死ぬと、預言されていたことになります。

こうして何世紀もの準備がなされ、ついにイエスがこの世に来たとき、バプテスマのヨハネは、イエスが自分の方に歩いてくるのを見ると、言いました。「見よ、世の罪を取り除く神の子羊」と（ヨハネ1・29―36）。新約聖書の著者たちも、イエスの死こそは旧約聖書のいけにえのすべてにとって代わり、完全で最終的な供え物となるべきいけにえの死であったということを認めています。ヘブル人への手紙の著者はこの真理をその手紙の主要なメッセージの一つとし、詳しく書き記しています。旧約聖書の時代には、毎年、大祭司が山羊と子牛の血を携えて聖所に入っていき、民の罪のあがないを儀式としてしましたが、イエス・キリストはご自分をいけにえとして神にささげることによって、永遠かつ完全なあがないを成し遂げたというのです。キリストは一度だけ、すべての人のために死にました。彼は「多くの人の罪を負うために一度ご自分を献げ」ました（9・28）。

このことばは私たちを、再び、ペテロのことばに引き戻します。「十字架の上で、／私たちの罪をその身に負われた」キリストは（Ⅰペテロ2・24）、ご自分を人びとの罪と一つにしたというのです。彼は私たちと同じ人間的性質を持つだけで満足せず、彼自身に罪がなかったにもかかわらず、私たちのすべての罪をわが身に引き受けようとなさいました。「キリストは罪を犯したことがなく、／その口には欺きもなかった」のに、カルバリの十字架上で「罪とされた」のでした。

この「罪とされた」というのは、パウロのコリント人への手紙第二5章21節に出てくることばです。この箇所は、あがないに関する聖書の教えの中でも、ひときわ目を引きます。それだけにその意義は無視できません。パウロはそのすぐ直前に、神は人間の罪を人間自身に負わせたり、人間の責任にしたりしないと述べています。神は私たちを愛するあまり、私たちに向かってその罪の責任を問うことはしない、とおっしゃるのです。確かに旧約聖書の時代には、人は自分の罪の責任を自分で負わなくてはなりませんでした。これからはそういうことが求められません。罪の責めを負う必要は人間にないというのです。いったい何を根拠に、神はそうおっしゃるのでしょうか。パウロは筆を進めて、次のように記します。「神は、罪を知らない方を私たちのために罪とされました。それは、私たちがこの方にあって神の義となるためです」（前出）。キリストには罪が一つもありませんでした。しかし、彼は私たちの罪のために、罪ある者とされたのです。あの十字架の上で。

十字架を実際に見上げるとき、このことばがどれほど恐ろしい意味を持っているかを、私たちは次第に理解するようになります。処刑の日、イエスは、朝の九時頃《ごろ》、十字架につけられました。十二時頃「全地が暗くなり」、その暗闇《くらやみ》はイエスが息を引き取るまで、三時間続きました。暗黒とともに沈黙がおとずれました。一つの汚点もない神の子羊が十字架の上で味わわなければならなかったたましいの苦悩はだれにも理解されず、沈黙を守る以外何もできなかったからです。歴史を通して犯された、また今後も犯される罪のすべてが、その間に彼の上に移し替えられました。彼は自発的に、あらゆる罪を、自分のものとなさいました。すべてを自分が犯した罪とし、自分の責任となさったのです。

それから、「わが神、わが神。どうしてわたしをお見捨てになったのですか」という叫びを、真底絶望的といえる霊的遺棄状態の中から出されました。これは詩篇22篇1節の引用句です。疑いもなく、彼はその苦しみの中で、この聖書の箇所が預言するキリストの苦難と栄光とを思いめぐらしていたに違いありません。それにしても、彼はなぜこのことばを叫び出さなくてはならなかったのでしょう。この詩篇22篇の終わりのほうにある、「主を恐れる人々よ　主を賛美せよ」（23節）という箇所や、「王権は主のもの。／主は　国々を統べ治めておられます」（28節）といった勝利の箇所を、彼はなぜ引用しなかったのでしょう。それは、彼の人間的な弱さと絶望から出てきた単なる叫びだったのでしょうか。あるいは、神の子でも、このときばかりはそう叫ばざるをえなかったというのでしょうか。

いいえ、このことばは、まさに文字どおりに理解されなければなりません。イエスが旧約聖書からこの一節を引用したのは、他の箇所を引用したときと同じように、そのことばを彼が成就《じょうじゅ》しつつあることを知っておられたからです。このとき彼は私たちの罪を負いつつありました。ところが神の目はあまりにも聖《きよ》くて、悪を見ず、不義を見ることができなかったため（ハバクク１・13）、彼が罪を背負うと、神は彼から身を隠し、彼を見捨てなければならなかったのです。本来なら、私たちと神の間に立ちはだかる罪が、いまキリストと神との間に立ちはだかったからです。

この地上の生涯の中で一分、いや一秒たりと、父なる神との交わりを失うことのなかったのが、イエスです。それなのにこの時に至って、神から見放されたので、その状態をイエスは「どうしてわたしをお見捨てになったのですか」と叫んで、神に訴えずにおれなくされたのです。言い換えれば、私たちの罪でキリストは地獄《じごく》に追いやられたのです。神から離れ、神に従わない人間のたましいが、どんな苦しみにあうかを、彼はそこでじっくり経験なさったことでしょう。イエスは私たちの罪をすべて背負って、その罰を私たちの代わりに受けてくださったのです（Ｉテモテ２・６）。

その直後、イエスは周《まわ》りの暗黒を破るかのように、「完了した」という勝利の叫び声を上げると、すぐ、「父よ、わたしの霊をあなたの御手にゆだねます」と言って、息を引き取ります（ヨハネ19・30、ルカ23・46）。このとき、イエスはこの世でなすべき任務をすべて完成し、彼を通して実現されるべき救いを成就したのです。彼の上に移されることによって、この世の罪がすべて取り去られると、イエスを自分の救い主と信じ、心に受け入れるすべての人に、神との和解が成立するようになりました。この瞬間、神殿の垂れ幕が上から下まで、まっぷたつに引き裂かれました。

旧約聖書によると、もともと神殿の垂れ幕は、聖なる神に人間を近づかせないように、と設けられたものでした。この垂れ幕をくぐることができたのは、年に一度全国民を代表して大祭司が、民全体の罪に赦しをもたらすため動物の血を携えて入る、「宥《なだ》めの日」においてだけでした。その垂れ幕が、あたかも神ご自身の見えざる手によったかのように、上から下まで引き裂かれたのです。イエス・キリストによって救いが完成した瞬間に、神と人を隔ててきた垂れ幕が、必要でなくなったからです。キリストは、彼を信じるすべての人のために、天国の門を開かれました。それから三十六時間後には、その死が無駄《むだ》でなかったことを立証するために、彼は死人の中からよみがえりました。

私たちの罪を取り去った神の御子、イエス・キリストに関する、単純であるが素晴らしい物語は、どういうわけか今日あまり喜ばれません。彼が私たちの罪を背負い、私たちの罰を取り去るというのは不道徳で、不公平、不適当なことだ、というのが人びとの言い分です。だからといって、人間の側《がわ》ですることは何もない、と私は言っているわけではありません。さきほど引用したペテロのことばの続きに示されているように、人は「罪を離れ、／義のために生きるため。／……自分のたましいの牧者《ぼくしゃ》であり／監督者である方のもとに」立ち返らなければなりません（Ⅰペテロ2・24―25）。何よりも、「これらのことは神から出てい」ることを、すなわち神の絶大なあわれみによることを忘れてはなりません（Ⅱコリント5・18）。

それともう一つ、イエス・キリストをわき役と考えてはいけません。しばしば私たちは彼について、救いを出し渋る神から私たちのために救いを引き出そうとする、第三者なる救い主というイメージを抱きます。しかし、聖書は次のように述べます。「神はキリストにあって、この世をご自分と和解させ」（Ⅱコリント5・19）。このことばからすると、神はキリストのうちにいます方です。神が私たちのためにキリストを罪に定めておきながら、同時に、その神がキリストのうちにいるとはどういうことなのかは、実をいうと私にもわかりません。しかし聖書が、この二つの真理を一つの文章の中で述べているのは確かです。ナザレのイエスが真の人間でありながら、同時に真の神であられたことはすでに見たとおりです。このイエスが、神でありながら、なおかつ一人の人間であったという逆説がみんなに認められるべきであるように、この逆説もそのまま受け入れられるべきだと私は考えます。しかし、この奥義がたとえ理解できず、この逆説を受け入れられなくても、キリストが私たちの罪を背負ったという事実、すなわち、聖書がいう意味でキリストが私たちの身代わりとなって、罪の罰を受けられたというイエスご自身のことばと、弟子たちの証言を、私たちはそのまま受け入れるべきでしょう。

これこそまさに、ペテロの言わんとしていたことです。それは、彼が主張している次の三つの点から明らかです。第一は、キリストが「十字架の上で、／私たちの罪をその身に負われた」ということです（Ⅰペテロ２・24）。ペテロは、使徒の働きに記録されている初期の説教の中でも同じ言い方をしています。「私たちの父祖の神は、あなたがたが木にかけて殺したイエスを、よみがえらせました」（使徒５・30）。しかし、彼が十字架にかけられ殺されたということは、歴史的な事実という以上の意味を持っています。ユダヤ人ならこのペテロの説教を聞くと、申命記のことばをすぐに思い起こしたでしょう。21章23節に、「木にかけられた者は神にのろわれた者だからである」とあります。イエスが木にかかって死んだとは、彼が神にのろわれたということを意味していました（十字架刑は、木にかけられると表現されることもあった）。

ペテロをはじめとする弟子たちはこの考えを拒否するどころか、そのまま受け入れ、パウロなどはガラテヤ人への手紙の中でその解説までしています。彼はこのことが、確かに申命記の教えであることを次のように証明しました。「律法の書に書いてあるすべてのことを守り行わない者はみな、のろわれる」（３・10）。ところが、だれ一人神の前で自分が正しいと言える者はいない。だからすべての人は、神にのろわれている。しかし、「キリストは、ご自分が私たちのためにのろわれた者となることで、私たちを律法ののろいから贖《あがな》い出して」くださった。なぜなら、聖書に「木にかけられた者はみな、のろわれている」と書いてあるから（同13節）、と。パウロの論点は明白です。神の前に正しく歩むことができない人間の上に、正当な罰として下されるはずののろいが、十字架上のキリストに転嫁《てんか》されたというのです。イエス・キリストが十字架の上で死んで罪ののろいをその身に受けてくださったので、彼は私たちを神ののろいから解放することができるのです。

第二に、ペテロの手紙第一2章の最後の部分は、イザヤ書53章から少なくとも五つの点で影響を受けていることが明らかです。比較できるように、一覧表を作ってみましょう。

《イザヤ書53章》
9節　彼は不法を働かず、
その口に欺きはなかったが。

《ペテロの手紙第一 2章》
22節　キリストは罪を犯したことがなく、
その口には欺《あざむ》きもなかった。

23節　ののしられても、ののしり返さず、
苦しめられても、脅すことをせず、
24節　自ら十字架の上で、
私たちの罪をその身に負われた。
24節　その打ち傷のゆえに、あなたがたは
癒《い》やされた。
25節　あなたがたは羊のようにさまよって
いた。

7節　彼は痛めつけられ、苦しんだ。
だが、口を開かない。
12節　彼は多くの人の罪を負い、
5節　彼への懲らしめが私たちに平安をも
たらし、
6節　私たちはみな、羊のようにさまよい、

イザヤ書53章が、他人の罪のために傷つき、いけにえとなって死ぬ、罪なき受難者、すなわち、イエス・キリストを描写していることは、すでに述べました。イエスの弟子たちが口をそろえてイザヤの預言をこのように解釈しているところを見ると、イエス自身が、自分の使命と死をこの章に照らし解釈しておられたと考えて間違いはないでしょう。イザヤ書を読みながら砂漠を馬車にゆられ旅していたエチオピア人の高官が、ちょうどそこに神に遣わされてやって来た伝道者ピリポに、「預言者はだれについてこう言っているのですか」と、イザヤ書53章の受難のしもべとは

だれのことなのかを質問したとき、ピリポははっきりと「イエスの」ことだと語り、彼のことを宣べ伝えたというのは有名な話です（使徒8・34―35）。

第三として、ペテロはこの手紙の中のほかの箇所においても十字架に言及しているのですが、それらの箇所は私たちが2章ですでに学んだことをさらに補強しています。ペテロは読者に対して、「あなたがたが先祖伝来のむなしい生き方から贖《あがな》い出されたのは、……傷もなく汚れもない子羊のようなキリストの、尊《たっと》い血によったのです」と語っています（Ⅰペテロ1・18―19）。また、「またその血の注ぎかけを受けるように選ばれた」とまで語っています（Ⅰペテロ1・2）。この二つの表現は、出エジプト記に出てくる過越のいけにえを思い起こさせます。しかしただ一つ、そのさばきを逃《のが》れる方法があると、モーセは教えられていました。それは、各家庭で子羊を一頭殺して、その血を家のかもいと門柱に塗っておくことでした。そのようにした人たちだけが神のさばきを免《まぬか》れ、エジプトの奴隷状態から解放されたのです。ペテロはこの過越の子羊を、大胆にも、イエス・キリストに結びつけて考えました（パウロもそうしました。「私たちの過越の子羊キリストは、すでに屠《ほふ》られたのです」〔Ⅰコリント5・7〕）。イエスが十字架上で流された血は、神ののろいとさばきを人びとに過ぎ越させ（逃れさせ）るためのものだというのです。もし私たちが神のさばきを逃れたいと思うなら、私たちもキリストの血を心にふりかけ、塗らなければなりません。つまり私たち一人ひとりに個人的に適用しなければならないのです。

ペテロは3章18節でも十字架の深い真理に触れて語っています。「キリストも一度、罪のために苦しみを受けられました。正しい方が正しくない者たちの身代わりになられたのです。……あなたがたを神に導くためでした」。罪は私たちを、神から遠く引き離してきました。キリストはそのような人間を再び神のもとに連れ帰ろうとされたのです。それで彼は、私たちの罪のために苦しみ、ご自分には罪がなかったのに罪ある者のために死に、私たちの救い主となったのです。彼は一度かぎりのこととして、死の道を選び取りました。一度かぎりとは、それが二度と繰り返される必要のない、完全で永遠のわざであることを意味します。

このことが何を意味しているのかを私たちは見逃してはなりません。私たちはしばしば宗教的儀式や善い行いが自分を救うに違いないと考えますが、それらによって私たちが救われることは決してありません。ところが、脱キリスト教的西欧世界に生きる無数の人は、それができるとキリスト教が教えているかのように信じています。その結果人びとは、キリスト教の福音と東洋の諸宗教の間にはたいした違いはない、むしろ根本的にすべての宗教は同じなのだと思うようになりました。私たち人間の努力こそが必要なすべてだとどんな宗教も教えている、と彼らは考えます。「天は、みずから助くる者を助く」と。

しかしこのような思想をキリストの十字架と調和させることはまったく不可能です。もし私たちが自分で自分の罪をきよめることができるのなら、キリストの死は余計なお節介《せっかい》になります。しかし彼が十字架上で死んだのは、私たちが自分の罪を自分ではどうしようもなかったからです。それなりの努力をすれば神の恵みを受けることができると考えるのは、まさに高ぶりであり、イエス・キリストに対する侮辱《ぶじょく》です。「私は自分で何とかするよ。イエス・キリストなんて私には必要ない」と言うに等しいからです。パウロは、私たちがもしよい行いによって罪を赦されるのなら、キリストの死は無意味であるといっています（ガラテヤ2・21）。

イエス・キリストの十字架の話は、パウロの時代と同様、今日でもある人にとってはつまずき、他の人にとっては愚かです。しかし、彼の十字架が私のためであったと信じる多くの人びとにとっては、心に平和をもたらす唯一の道です。一五八五年にリチャード・フッカーがテンプル教会の主任司祭であったときに語った説教に次のようなことばがあります。

愚行、狂乱、激情、その他、何とでも言わせておきましょう。十字架は、私たちにとっては知恵であり慰めです。これこそ、私たちがこの世で求める唯一のものなのです。人は罪を犯し、神は苦しみを背負われました。神はみずからが人の罪となり、人は神の義とされました。

キリストを信じる人ならだれでも、このことばに共鳴するでしょう。私たちにとっていやしはキリストの傷にこそあり、いのちは彼の死のうちに、赦しはその痛みに、そして救いはその苦しみにあるのです。

8　キリストの救い

「救い」とは、驚くほど意味の広いことばです。キリストの救いを単なる赦しと見なすのは大きな誤りです。神は過去だけでなく、現在、そして未来にも、かかわりを持ってくださいます。私たちが罪を犯したため神との交わりを失い、自分を罪の奴隷とし、他の人たちとの人間関係まで損《そこ》なったことはすでに見たとおりですが、キリストの救いは神との交わりを回復するだけでなく、私たちを罪の奴隷でなくし、自己中心的な傾向からも解放し、周《まわ》りの人びととの平和も回復する、素晴らしいものです。神はキリストの救いによって、私たちをそのような人間に変えようとしておられるのです。神との和解はキリストの死によってもたらされますが、私たちをキリストに似た者にするのはキリストの霊の働きによってであり、愛の交わりの中に入れるのは、キリストの教会によってです。この章では、キリストの霊と教会について考えながら、キリストの救いの豊かさを見ていくことにしましょう。

キリストの霊

すでに見てきたように、私たちが犯す具体的な罪の行為は、ほかの事柄と関係なくたまたまそれだけが起こる、というようなことは考えられません。実は、私たちが心の中で犯す道徳的な罪の一つが、行為に出てくるだけです。イエスはこのことを、「木とその実」に関する比喩《ひゆ》を用いてしばしば語られました。「良い木はみな良い実を結び、悪い木は悪い実を結びます。良い木が悪い実を結ぶことはできず、また、悪い木が良い実を結ぶこともできません」（マタイ7・17―18）。木の実がよいか悪いかは、それをならせる木によって決まるというわけです。

悪い実とは悪い行為、つまり具体的な罪の行為と考えてよいでしょう。私たちが犯す罪は、実はそれをならせる人間が悪いのだ、とイエスは指摘なさるのです。彼によると、それらは私たちの内部から、人の心から出てきます。ですから、内的な性質がもし変わらなければ、私たちの行いも変わりません。「木を良いとし、その実も良いとするか、木を悪いとし、その実も悪いとするか、どちらかです」とあるように（同12・33）。

とはいえ、人間の内的性質は、そんなに簡単に変わるものでしょうか。気難しい人を気だてのよい人に、高慢な人を謙遜《けんそん》な人に、自己中心な人を犠牲的精神の持ち主にすることは、はたして可能でしょうか。聖書は迷うことなく、そういう奇跡は起こりうる、とはっきりいいます。だからこそ、キリストによる救いは素晴らしいのです。イエス・キリストは神の前における私たちの立場だけでなく、性質の変革も可能になさいました。聖書は内的な性質の変革を、「新しく生まれる」ということばで表現します。イエスはユダヤ人の指導者ニコデモに、このように言いました。「まことに、まことに、あなたに言います。人は、新しく生まれなければ、神の国を見ることはできません。……あなたがたは新しく生まれなければならない、とわたしが言ったことを不思議に思ってはなりません」（ヨハネ3・3―7）

パウロの表現はもっとはっきりしています。「だれでもキリストのうちにあるなら、その人は新しく造られた者です」（Ⅱコリント5・17）。新約聖書がいう新しい心、新しい性質、新しい誕生、新しい創造の可能性は、まさにパウロが言うように「キリストにある者は、新創造」であるからです。

新しい誕生とは母の胎《たい》から出てくるときのような肉体的な変化をもたらしません。人間の想像を超えた、神から生まれるという内的な変化は、聖霊の働きによって起こります。ここでは三位一体の神の秘義を、教理として論じることはしません。初代教会の指導者たちが聖霊をどのように述べたかを見て、その働きを考えるだけにとどめます。

その前に、聖霊の存在と働きがキリスト以前になくはなかったことを知っていただかなければなりません。聖霊は神です。ですから、彼は永遠の存在であり、創造の前からこの世界のために働いてこられました。旧約聖書は、聖霊にしばしば言及し、また預言者は聖霊の働きが将来いちじるしくなり、普遍的になることを見越していました。そのとき、聖霊は神の民の心の中に宿り、彼らのうちに働いて、彼らを神のおきてに従う者にしてくださるのです。

旧約聖書が預言していたその「時」は、イエスによってさらにはっきり語られました。十字架につけられるために捕らえられるほんの数時間前、十二弟子とともにしたあの最後の晩餐《ばんさん》の席上で、イエスはしばらくすれば天から「助け主」なる「真理の御霊」が下ってきて、自分の代わりに働くようになると語りました。「父はもう一人の助け主をお与えくださり、その助け主がいつまでも、あなたがたとともにいるようにしてくださいます。この方は真理の御霊です」と（ヨハネ14・16―17）。

イエスは、自分が人間としてこの世に存在し続けるより、聖霊に働いていただくほうがいいともおっしゃいました。「わたしが去って行くことは、あなたがたの益になるのです。去って行かなければ、あなたがたのところに助け主はおいでになりません。でも、行けば、わたしはあなたがたのところに助け主を遣わします」（同16・7）。なぜ、イエスより聖霊のほうがいいのでしょう。それは、イエスなら弟子たちと一緒にいるだけですが、聖霊なら「あなたがたとともにおられ、また、あなたがたのうちにおられるようになるのです」（同14・17）。つまり、すべての人と一緒にいてくださるだけでなく、どの人にも内側から働きかけてくださるからです。

以上から、ある意味で弟子たちに対するイエスの教えと訓練は、みごとに失敗したことがわかります。彼は、幼子《おさなご》を連れてきて弟子たちに、何度も謙遜《けんそん》を教えようとなさいましたが、ペテロの高慢と自信をついに取り除けませんでした。しばしば互いに愛し合うようにとお教えになりましたが、ヨハネはイエスの在世中は「雷の子」とあだ名された人物としてとどまりました。ところがペテロの手紙第一を読むと、その著者は、謙遜を教えています。ヨハネの手紙も愛に満ちています。何がこの違いをもたらしたのでしょう。それは聖霊です。イエスは彼らに謙遜と愛とを教えました。ところが聖霊が彼らの心の中に入り、内側から彼らの性質を変えるまで、彼らはそれらのよきものを何一つ自分のものにすることができなかったのです。

イエスが十字架にかかって五十日後のペンテコステの日に、「皆が聖霊に満たされ」ました（使徒2・4）。このとき、「天から突然、激しい風が吹いて来たような響きが起こり、……炎のような舌が分かれて現れ、一人ひとりの上にとどま」りました（同2―3節）。ありふれたできごとでないのは確かです。しかし、これを使徒やその他の聖人と呼ばれる特別な人の特殊な経験と考えてはいけません。彼らとまったく同じ経験をしないにしても、「御霊に満たされなさい」という命令は、すべてのクリスチャンに等しく語られています（エペソ5・18）。聖霊がクリスチャンのうちに住むというのは、内側が変えられるために全クリスチャンに与えられる生得的権利です。ある人がクリスチャンならば、その人のうちには必ず聖霊がおられます。もし聖霊が内住しておられなければ、その人は本当のクリスチャンではありません。「キリストの御霊を持っていない人がいれば、その人はキリストのものではありません」（ローマ8・9）

これが新約聖書の教えです。私たちがイエス・キリストを信じて、自分を彼に委《ゆだ》ねるなら、そのときから聖霊は私たちのうちに宿ってくださいます。聖霊は神から私たちの心の中に遣わされて来て、私たちをご自分の聖なる宮となさるのです（ガラテヤ4・6、Iコリント6・19）。

しかし聖霊がお住みになっても、以後クリスチャンが罪をまったく犯さなくなるということはありません。その人はかえって、自分が罪深い存在であることを意識するようになるでしょうし、罪とのたたかいは以前よりいっそう激しくなるでしょう。パウロはガラテヤ人への手紙5章で、このたたかいの様子を鮮明に描いています。彼は人間の持つ生来の自己中心的な性質を「肉」と表現し、その「肉」とクリスチャンのうちに与えられた聖霊とは、互いに反発し合うといいます。「肉が望むことは御霊に逆らい、御霊が望むことは肉に逆らうからです。この二つは互いに対立しているので、あなたがたは願っていることができなくなります」（17節）

これは単なる理論ではありません。すべてのクリスチャンのうちで現実となる、日常経験そのものです。私たちは罪の中に引きずり込まれる罪深い欲求を感じながら、同時に自分を聖《きよ》さに向かって引き上げようとする逆の力も意識します。もし「肉」だけが自由奔放《ほんぽう》に働くなら、状況は時とともに絶望的になり、その人は不道徳で利己的な悪の暗黒のジャングルの中で生涯を無駄《むだ》にしてしまうでしょう。

パウロは言います。「肉のわざは明らかです。すなわち、淫《みだ》らな行い、汚れ、好色、偶像礼拝、魔術、敵意、争い、そねみ、憤《いきどお》り、党派心、分裂、分派、ねたみ、泥酔、遊興《ゆうきょう》、そういった類《たぐい》のものです」（同19―21節）。これらの結果は滅びです。では、聖霊が思いどおりに働かれたらどうなるのでしょう。「御霊の実は、愛、喜び、平安、寛容、親切、善意、誠実、柔和、自制です」（同22―23節）とパウロは記します。人間の内側は、聖霊によって耕され、手入れされて、素晴らしい実をならすのです。ですから、木をよくすればその実もよくなるように、人間も内側から変えられると、外面に出る行いも変えられるのです。

それでは、どうすれば「肉」とその忌《い》まわしい行いに打ち勝ち、「御霊の実」を実らせ、それを収穫できるようになるのでしょうか。答えは、私たちがこれら二つのものに、どのような態度をとるかにかかっています。「キリスト・イエスにつく者は、自分の肉を、情欲や欲望とともに十字架につけたのです」。「御霊によって歩みなさい。そうすれば、肉の欲望を満たすことは決してありません」（同24、16節）

「肉」に対しては「十字架につける」ということばしか該当《がいとう》しない激しい反発と、断固それを受けつけない態度をとる以外のことをしないのです。そして御霊に対しては、自分の生活の支配権を持つのは聖霊ご自身であることを認め、そのことを信じなければなりません。肉を拒否し、御霊に自分自身を委《ゆだ》ねることが習慣的に行えるようになると、肉の忌まわしい働きは少しずつ衰えて、御霊が結実させる素晴らしい実が姿を現してくるでしょう。

パウロはコリント人への手紙第二3章18節で、この真理を次のように述べています。「私たちはみな、覆いを取り除かれた顔に、鏡のように主の栄光を映しつつ、栄光から栄光へと、主と同じかたちに姿を変えられていきます。これはまさに、御霊なる主の働きによるのです」。私たちは、絶えずキリストを見上げさせる御霊の働きに自分を委《ゆだ》ねるなら、キリストに似た者へとだんだん変えられます。したがって、悔い改めや信じ委ねることを私たちの側《がわ》で確かにするにしても、私たちを聖《きよ》める働きそのものは聖霊のわざなのです。

私たちの持つすべての徳も
私たちが得るすべての勝利も
また聖なる思いのすべても
いっさいは御霊によるもの。
聖《きよ》きと恵みの御霊なる神よ、
私たちの弱さをあわれみ、

私たちの心をあなたの宮となし、
あなたの御名をのみをあがめさせてください。

ウィリアム・テンプルはこのことを次のように語っています。私のところに『ハムレット』や『リア王』のような劇の脚本《きゃくほん》を持ってきて、それらと同じような作品を書けと言っても無駄《むだ》です。シェイクスピアにできても、私にはできません。また、私にイエスのような生涯を送りなさいと言ってもそれは不可能です。イエスにはできても、私にはできません。しかし、シェイクスピアの才能がもし私のうちに宿るなら、彼の書いたのと同じくらい素晴らしい脚本を書くことはできなくありません。同じように、イエスの霊が私のうちに宿ってくだされば、彼のような生き方が私にもできなくないのです。

ここにクリスチャン生活の秘訣《ひけつ》があります。私は、あなたにイエスのように生きるように努力しなさいと勧めてはいません。ただ、イエスは御霊としてやって来て、私たちのうちにお住みくださるので、そうしていただきなさいと勧めているのです。彼を模範《もはん》とするだけでは、十分ではありません。彼が救い主として私たちの罪を赦してくださったら、聖霊に心の中に住んでいただくことによって、罪が自分のうちで力を失い始めることを、私たちは知るのです。

キリストの教会

罪は拡《ひろ》がっていく傾向を持っています。人を創造主から引き離し、私たち個人を破滅に追いやるだけでなく、隣人との関係まで壊します。学校、会社、病院、工場でも、小さな家庭の中でも、嫉妬《しっと》や憎悪がすぐに生じてきます。共同体の中で仲よくし、一致を保つのは難しいことです。

しかし神はキリストの救いを通して、このような問題も解決してくれます。罪の汚らわしい結果を、完全にこの世からぬぐい去るのが、神の目的です。そのために神は、クリスチャンたちにばらばらで自分勝手な生活をさせないで、みんなをご自分の民とし、導こうとされました。

神はこのことを創世記の前のほうから明らかにしてこられました。アブラハムという人物を選ぶと、神は彼に家や親族を残し、生まれ故郷のメソポタミアを出ていかせました。そのとき神は彼に、カナンの地を相続することを保証し、空の星や海辺の砂のように子孫が多くなると約束しました。アブラハムの子孫を増し、彼らを通して世界じゅうの国を祝福するという神の誓いは、彼の息子のイサクや孫のヤコブにも繰り返されました。しかし彼らは、それを現実には目にしませんでした。

ヤコブは約束の地を離れ、エジプトで死にました。ヤコブの十二人の子らは、父の死後、ヤコブに神が与えたイスラエルという名をいただく十二部族の先祖となりました。その三百年後、イスラエル民族がエジプトの奴隷生活から解放されたとき、モーセという人物を通して神は、かつての契約を更新しました。

それにしても、世界の国々はどのようにして神の祝福にあずかるのでしょう。確かに、イスラエルの国運は次第に開けていきました。しかし何世紀たっても、イスラエル民族を通して神の祝福が全世界に及ぶ気配は見えませんでした。それどころか、周辺諸国にとっては彼らは忌《い》むべき存在とさえ思われました。イスラエル民族はみずからの周囲に高く垣根《かきね》をはりめぐらし、異邦人《いほうじん》を不潔なものと見て、彼らとは接触しなかったからです。イスラエル民族が世界に祝福をもたらすことなど想像もつきませんでした。アブラハムに対する神の約束は、実現されないように思われるくらいでした。しかし、預言者たちの多くは、神ご自身が遣わしてくださるメシア（救い主）が来れば、世界の隅々《すみずみ》から巡礼者が神の国にやって来る、と信じ続けました。

ついにイエス・キリストが来られました。ナザレのイエスは、こんなにまで長い間待ち望まれていた王国がついに到来したと宣言されました。また多くの人が世界じゅうから来て、アブラハム、イサク、ヤコブと席を同じくするであろう、とも述べました。神の民とはもはや、一つの特定の民族のことではなく、地上のあらゆる国民の中から集められた人びとの交わりを意味するようになります。復活されたイエスは弟子たちに「あなたがたは行って、あらゆる国の人々を弟子としなさい」と命じられました（マタイ28・19）。このようにして集められた弟子たちの全体を、イエスは「わたしの教会」と呼ばれたのです（同16・18）。

このようにして、アブラハムに何度か語り、その子や孫たちにも更新された神の約束は、今日では、世界的規模で実現した教会発展のうちに完全に成就《じょうじゅ》しているのです。「あなたがたがキリストのものであれば、アブラハムの子孫であり、約束による相続人なのです」とパウロも述べるとおりです（ガラテヤ3・29）。

パウロはまた、キリストの教会を説明するに当たり、それを人体にたとえます。これは彼の教えの中で最も印象深い絵画的叙述《じょじゅつ》の一つです。彼は、教会はキリストのからだであるといいます。一人ひとりのクリスチャンはからだの肢体《したい》あるいは器官であり、キリストはそういったからだ全体の働きを統御《とうぎょ》する頭です。「実際、からだはただ一つの部分からではなく、多くの部分から成っています。……しかし実際、神はみこころにしたがって、からだの中にそれぞれの部分を備えてくださいました。もし全体がただ一つの部分だとしたら、からだはどこにあるのでしょうか。しかし実際、部分は多くあり、からだは一つなのです。……あなたがたはキリストのからだであって、一人ひとりはその部分です」（Ｉコリント12・14―27）

キリストのからだも共通のいのちにより隅々まで活力を与えられます。それは聖霊です。からだを一つにするのは聖霊です。教会が調和を保ち、一致して事に当たるのは、聖霊のおかげです。

「からだは一つ、御霊は一つです」と言って、パウロもこのことを強調します（エペソ4・4）。しかしある人はいろいろな宗派や教派を見て、教会は分裂していると言うでしょう。確かに外面的には、組織や活動は独立した営みをしています。それは事実です。しかしそれらの違いは、キリストの教会に永遠に与えられている霊的な一体性を破壊できません。それが破壊されないのは、教会の一体性が「御霊による一致」または「聖霊の交わり」に基づくからです（同4・3、Ⅱコリント13・13）。イエス・キリストによって救われ、聖霊のいのちをいただいているかぎり、クリスチャンは根底において永久に一つです。

そうはいっても、世界に拡《ひろ》がる、霊的な意味でのキリストの教会の一つの一員となるだけでは十分といえません。霊的なキリストの教会の一員であるなら、その人は自分が住んでいる地域の、目に見える教会の一員としても活動するはずです。一つ一つの目に見える教会の一員として神を礼拝し、信者同士で交わりをし、地域社会に奉仕するのです。

ところが今日、多くの人は教会を霊的なものとしてしか認めず、人間的組織としての教会を否定します。ある意味で、これは当然のことです。組織としての教会は保守的で、内部指向性を持ち、反動的にさえなるからです。しかし教会は人間の集団として形成されるという側面を持つことを忘れてはいけません。私たちは罪深く、誤ちを犯しやすい存在です。ですから、自分も罪深く、誤ちを犯しやすければ人間の集団としての教会を頭から否定するようなことは慎《つつし》まなければなりません。

さらにもう一つ、私たちは、目に見える教会のメンバー全員が、必ずしもキリストのからだになっていない可能性がある事実も、認めなくてはなりません。教会の会員名簿に名前が記録され、教会活動に参加していても、本当の意味でイエス・キリストを信じておらず、「名が天に書き記されて」いない人もいるのです（ルカ10・20）。だからといって軽々しく、天に名前の書き記されていないのはだれかと詮索《せんさく》したり、判断を下したりすべきではありません。それは「ご自分に属する者を知っておられる」主のみが、なしえたもうことです。牧師は洗礼をほどこして、信仰告白をした者を教会の会員として記録します。けれども、一人ひとりの心を見て、その人が本当に信仰を生かしているかどうかを吟味《ぎんみ》するのは、神の仕事です。クリスチャンの多くが外面的な告白だけでなく、心に生きた信仰を持っているのは確かです。しかし心でつかんでも、その信仰を真に生かしていない人がいることも、また事実でしょう。

ここで知らなければならないのは、聖霊が教会にいのちを与えるばかりか、教会全体を生きたものにする愛のわざを、そこで始めてくださるということです。聖霊の実として最初に挙げられたのは「愛」です。聖霊はその本性からして愛であり、それを彼はご自分が内住する者に分け与えてくださいます。クリスチャンなら、まったくの初対面で、自分と異なる生活環境からやって来たクリスチャンに、不思議と、初めて会うわけでなく、旧知《きゅうち》のように思う、という経験を持ったことがあるでしょう。クリスチャンという神の子同士の関係は血縁関係より濃く、また楽しいのです。それは、神の家族ならではの関係です。「私たちは、自分が死からいのちに移ったことを知っています。兄弟を愛しているからです」（Iヨハネ3・14）。聖書がいうこの愛は、センチメンタルなものではありません。感情的ですらありません。本質的に没我的《ぼつがてき》・自己犠牲的で、他の人に仕え、他の人を助け、相手を祝福したいと願います。そして、この愛が生きてくると、罪の遠心的な分離作用の力が消えます。罪はあらゆる人間関係を引き裂こうとしますが、愛は結びつけます。罪は分裂を生みますが、愛は平和をもたらします。

もちろん、歴史を見るとわかるように、教会は多くのしみや汚れ、また愚かさや自己愛の跡を残しています。ときに教会は、キリストの教えに真っ向からそむくこともします。現にいのちをみなぎらせているどころか、死にかかっている教会もあります。また党派的に分立し、愛の欠如《けつじょ》をあらわにしている教会もあります。クリスチャンと自称し、信仰を告白している人の中にも、イエス・キリストの愛やいのちを感じさせない人はいます。

にもかかわらず、クリスチャンは、周《まわ》りの目に見える教会がどんなに不完全でも、その教会のどれか一つに属さなければなりません。クリスチャンはそこでの交わりを通して教会としての礼拝とあかしを守り、キリストがご自分の民に与えると言われた新しい関係を築き上げていく努力をしなければならないのです。

第3部　人間の側での応答

9　犠牲を覚悟すること

　これまで私たちは、まず、ナザレのイエスが唯一の神であることを、いくつか証拠に照らして検討しました。ついで人間が、神から離れ、自我に縛られ、周《まわ》りの人との関係でもうまくいかなくなり、いかにも罪人らしいどうしようもない状況において必要になるものが何かを考えました。さらに前章では、イエス・キリストが私たちのために獲《か》ち取り、私たちに提供してくださる救いの諸側面について学びました。ここでようやく私たちは、自分がいま何をすべきか、を考えるところに到達しました。エルサレムからダマスコへ向かう途中のパウロが、復活のキリストに尋ねた、「主よ、私はどうしたらよいのでしょうか」という質問、また、ピリピの町でパウロが牢獄《ろうごく》にとらわれていたとき、そこに牢獄の看守《かんしゅ》がやって来て尋ねた、「救われるためには、何をしなければなりませんか」というのと同じ質問を、私たちはいま自分自身の質問としてキリストに尋ねるのです。

　私たちがいま、何かしなければならないことは明らかです。つまるところ、キリスト教とは、イエスについての一連の記述を認めて受け入れるだけのことでは決してありません（もちろん、それらの記述は真実なのですが）。キリストが神であり、彼が全人類のために救いを成し遂げてくださったこと、そして自分がキリストの救いをいま真に必要とする罪人であることを認めても、だれもそれでクリスチャンになるわけではないからです。それらを認め、信じたうえで、私たちは自分自身を彼に委《ゆだ》ねなければなりません。そうするさいには、いささかのためらいも許されません。この応答がどんな内容のものになるかは次の章で見ることにして、ここでは信じ委ねるとはどうすることなのか、を考えることにしましょう。

イエスは彼の教えがどのようなものであるかを人に教えるだけでなく、何事かを人に要求するものでもあることを、決して隠そうとなさいませんでした。彼は、その要求を、救いを彼が私たち人間に無条件で提供したように、やはり人間に無条件でのむことをお求めになります。イエスは人類に救いを提供する代わりに、絶対的服従を要求なさるのです。ただし、ここで勘違《かんちが》いしないでください。それは、よく考えもせず、何も検討しないでただ従えと、イエスがいってはおられないということです。彼は求道者に漠然《ばくぜん》とした影響力を与えて、入信を決意させようとなど、決してなさいません。反対に、聖書の記事を見ると、無責任で熱に浮かされただけの者は、しばしば空手《むなしで》で追い返されています。

ルカの福音書には三人の人物が登場する話があります。その一人は、「あなたがどこに行かれても、私はついて行きます」と決心しますが、イエスは「人の子（イエス）には枕《まくら》するところもありません」と、けんもほろろの返事をなさいました。二人目の人物に彼は「わたしに従って来なさい」と命じますが、その人が、あなたについていく前に自分の父を葬らせてください、と条件をつけると、イエスはもうそれ以上彼を相手になさいませんでした。三人目の人物はイエスのところに来て、こう言いました。「主よ、あなたに従います。ただ、まず自分の家の者たちに、別れを告げることをお許しください」。するとイエスは彼に答えて、こう言いました。「鋤《すき》に手をかけてからうしろを見る者はだれも、神の国にふさわしくありません」（9・57―62）。結局、三人とも主の試験に合格しませんでした。

あるときには、裕福で若い指導者がいました。彼は多くの点で、善良であり真面目であり魅力的な人でした。けれども自分の都合に合わせて、永遠のいのちをもらおうとしていました。彼は悲しみながら去っていきました。自分の財産には手を付けずにすんだのですが、永遠のいのちもキリストも手に入れることはできませんでした（マタイ19・16―22、ルカ18・18―23）。

こんなこともありました。大ぜいの群衆がイエスの後《あと》についてきて、口々にイエスへの忠誠を叫び、おおげさな身ぶりでその気持ちを示そうとしたときのことです。彼らの心のうちが読めたイエスは、その思いがあまりにも薄っぺらだったので、急に歩みをとめ、群衆を見回すと、次のような辛辣《しんらつ》なたとえを質問のかたちでお話しになりました。

あなたがたのうちに、塔を建てようとするとき、まず座って、完成させるのに十分な金があるかどうか、費用を計算しない人がいるでしょうか。計算しないと、土台を据えただけで完成できず、見ていた人たちはみなその人を嘲《あざけ》って、「この人は建て始めたのに、完成できなかった」と言うでしょう。（同14・28―30）

キリスト教の歴史を見ると、イエスが話されたように、建て始めはしたものの、完成を見ず、建築途中で放棄された塔の残骸《ざんがい》が無数にあります。ところがこの警告にもかかわらず、毎年相も変わらず何百、何千、あるいは何万もの人が、自分の信仰的決心が自分にどんな意味を持つかを考えもしないで、キリストに従おうとします。彼らはいちおう「クリスチャン」と呼ばれますが、この結果は「名ばかりのキリスト教」という、現代版キリスト教だけが拡《ひろ》がるのです。

キリスト教国と呼ばれる、キリスト教文明が広く受け入れられている国々には、表面的にかっこよく見えても、中身が薄っぺらで見かけ倒しのキリスト教をまとった人が、たくさんいます。彼らは体裁《ていさい》が悪くならないかぎり、つまり自分の居心地が悪くならない程度に、キリスト教とかかわっていきます。彼らにとっての信仰は、大きな、ふかふかした座布団のようなものです。自分に都合よく座布団の位置や形を変えて、固苦しく不愉快な生活や、自分が損する生活をしなくていいようにするのです。教会を批判する人びとは、実のところこの「自称クリスチャン」を見て、「彼らこそ教会の実体を表している。教会は人を現実から逃避させるだけだ」と決めつけますが、それは右のような現実のせいなのです。

イエスの教えは、こんなではありません。彼は私たちへの呼びかけを、受け入れやすくするために、基準を下げ、条件をゆるくすることを、決してなさいません。イエスは最初の弟子たちに、よく考えてから、徹底した信仰生活に入るように、とお求めになりました。

それから、群衆を弟子たちと一緒に呼び寄せて、彼らに言われた。「だれでもわたしに従って来たければ、自分を捨て、自分の十字架を負って、わたしに従って来なさい。自分のいのちを救おうと思う者はそれを失い、わたしと福音のためにいのちを失う者は、それを救うのです。人は、たとえ全世界を手に入れても、自分のいのちを失ったら、何の益があるでしょうか。自分のいのちを買い戻すのに、人はいったい何を差し出せばよいのでしょうか。だれでも、このような姦淫《かんいん》と罪の時代にあって、わたしとわたしのことばを恥じるなら、人の子も、父の栄光を帯びて聖なる御使いたちとともに来るとき、その人を恥じます。」

（マルコ８・34―38）

ここで私たちは、イエスが実際に何と言われたかを検討するところまでようやく来たのです。

キリストに従えという招き

キリストの招きは、一言《ひとこと》で「わたしについて来なさい」ということです。彼は一人ひとりに、ご自分に忠誠を尽くすことを求めます。「わたしのことばを聞き、わたしに学び、わたしのわざに励むことを使命として生きるように」と招かれました。とはいえ、キリストに従おうとする人は、そうする前に何かをまず捨てなければなりません。彼に従う前に、自分が大切にしてきたあらゆるものを、いっさい捨てきる必要があるのです。それらがキリストにまさることがなく、彼より価値があるといえないことを考えれば、それは当然なすべきことです。

イエスによって招かれた弟子たちにとって、それは、文字どおりの家族であり職業でした。ガリラヤ湖で漁《りょう》をしていたシモン（後《のち》にペテロと呼ばれる）とアンデレは、イエスに「わたしについて来なさい。人間をとる漁師にしてあげよう」と言われたとき、すぐに「網を捨てて」イエスに従いました（マルコ1・16―18）。ヤコブとヨハネもイエスに招かれると、「父ゼベダイを雇い人たちとともに舟に残して、イエスの後について」いきました（同19―20節）。収税所に座っていたときイエスに招かれたマタイは、「すべてを捨てて立ち上がり、イエスに従」いました（ルカ5・27

―28)。
今日においてもキリストの招きは、原則においてこれといささかも異なりません。キリストはいまでも「わたしについて来なさい」と言い、「自分の財産すべてを捨てなければ、あなたがたはだれも、わたしの弟子になることはできません」と語られます（ルカ14・33)。しかしこれは、今日、すべてのクリスチャンに家族や職業を本当に捨てさせようとしていません。これは、家族や職業が、自分の心の中で、キリスト以上の位置を占めていてはいけない、もし占めるようならそれらを放棄しなければならない、ということです。つまり、家族への愛着や世間的な野心に、心で最高の位置を占めさせてはいけない、ということです。

さて、ここで、イエス・キリストに従うことと切り離して考えられない、「捨てる」ということについて、もう少し具体的に学んでおきます。その第一は「罪を捨てきる」ことです。言い換えれば、悔い改めることです。これはクリスチャンとなるための行動の第一歩で、だれ一人これを避けて通ることはできません。私たちは悔い改めることをしなければ、キリストには従えないのです。

悔い改めとは、正しくないことが明らかなあらゆる思い、ことば、行い、習慣に対して、はっきり背を向けることです。良心の呵責《かしやく》を感じたり、神に何らかのかたちで謝罪したりするのは、これとは違います。悔い改めとは、感情や口先の問題でなく、罪に対する考え方や態度を心の中で変えることを意味しており、やがてその人の行いを変えさせるもとになるのです。

ここで妥協は許されません。一生涯かけても捨てきれないほど罪を背負っている人もです。むしろそうであればあるだけ、そこから救ってください、と神に叫び求めるとき、その人は自分がすべての罪から離れることを願っていることを、神に知っていただけます。何が正しく何が間違っているか、何を捨て何を残すかがわからないときには、自分の知っているクリスチャンの習慣やしきたりにあまり影響されないようにしなければなりません。

むしろ聖書をよく読み、その中に記されている明白な教えと、自分の良心とに、従うようにするといいでしょう。そうすればキリストは、だんだんあなたを正しい道へ導いてくださいます。その過程でキリストが私たちに正しくないことを示してくださるときには、それもいさぎよく捨てます。それはときには、雑誌や娯楽のようなものでしょう。友人や、自分の高慢な性格であるかもしれません。また、自分の内心のねたみや反感、また人を赦そうとしない思いかもしれません。それが何であれ、ためらってはいけません。

もし目が罪を犯させるなら目を、手が罪を犯させるなら手を、切り取って捨てなさい、とイエスは弟子たちに諭《さと》されたことがあります（マタイ5・29―30）。これを文字どおりに解釈して、目をえぐり、手を切る必要はありません。それは比喩《ひゆ》にすぎないからです。しかしそれくらいの覚悟をし、誘惑に負けるとわかっているものをきっぱり捨てるべきだ、という点が、これで明白になります。

本当の悔い改めをするのには、「損害賠償」の覚悟をする必要があります。罪は神に対してだけでなく、しばしば人にも影響を及ぼします。罪は神の怒りを引き起こし、この怒りはどんなにお金を積《つ》み善行をしても、おさまりません。ただ救い主イエス・キリストの身代わりの死によってのみ、神の怒りはしずまります。それで私たちは、イエスを救い主と信じるのです。

しかし、罪が他人に迷惑を及ぼし損害を与えたときには、その謝罪もして、できるかぎりの賠償をするのは当然です。ルカの福音書に、ザアカイという人物が登場します。彼は税金をとりたてる役人のボスで、しばしば人をだまし金をためてきました。しかしイエスに出会い、罪を悔い改めると、こう申し出ました。「主よ、ご覧ください。私は財産の半分を貧しい人たちに施します。だれかから脅し取った物があれば、四倍にして返します」(19・8)。私たちは、ザアカイを模範《もはん》としなければなりません。ときには借りたお金や盗んだ時間を、返す必要があるのです。あらぬうわさを広めた責任をとって、その始末をして回る必要に迫られることもあります。ひびの入った信頼関係を回復するために、謝罪しなければならないかもしれません。

確かに、重箱の隅《すみ》をつつくようにして、相手がすっかり忘れている取るにたりないことばや行いを、何十年もさかのぼって始末しようと神経質になるのは、考えものです。だからといって、これを軽く見るのはいけません。私は、試験でカンニングをしましたと先生に正直に申し出た学生や、万引きした教科書を書店に謝って返した学生のことを知っています。また「盗用」した物品の一覧表を、上官に書き送った将校のことも知っています。悔い改めるときには、できるかぎりの償《つぐな》いをするのが当然です。

「捨てる」ことの第二は、「自我を捨てきる」ことです。キリストに従おうとするときには、個々の罪を捨て、罪を一つ一つ悔い改めるだけでなく、あらゆる罪の行いの根底にある、自己中心の思いそのものも、捨てなくてはなりません。私の人生は私の好き勝手にできるという態度や、自分の生活を自分できりもりする権利を、いっさいキリストに手渡すのです。そのため自分の心の王座を自発的に王なるキリストに明け渡し、そこに彼に座っていただかなければなりません。イエスは「自我を捨てる」ことを、三つのことばでいきいきと述べておられます。

その一つは「自分自身を否定する」ことです。「だれでもわたしに従って来たければ、自分を捨て、自分の十字架を負って、わたしに従って来なさい」とイエスは言いました（マルコ8・34）。ここで「捨てる」と訳されたことばは、イエスが十字架にかけられる前夜、ペテロがイエスの弟子であることを否定したときに用いたのと同じです。すなわち、彼が「そんな人は知らない」と神かけて誓ったのと同じ断固とした態度で、自分を否定し、みずからを突き放すのだ、というのです。自己否定とは、何らかの善行を積《つ》むために、ある期間誓いを立てて、甘い物を避けたり、タバコをやめたりすることではありません。自分の好きなものを断つのではなく、自分の権利を進んで捨てることです。あるいは、自分には「ノー」と言い、キリストには「イエス」と言うことです。自我を放棄し、自分の持っている権利をすべてキリストのものにすること、を承認するのです。

イエスが次に用いたことばは「十字架を負う」です。もし私たちがイエスの時代にイスラエルに住んでいて、十字架をかついで歩く男を見たなら、男は極刑の判決を受けて殺される運命にある死刑囚だ、とすぐに思ったでしょう。当時イスラエルはローマ帝国の占領下にあり、十字架刑もしばしば行われていました。H・B・スウィート教授は『マルコの福音書注解』の中で、十字架を負うとは、「罪を宣告され、刑場へと引かれていく途上の人物の立場に、自分の身を置くことである」と述べています。私たちも自我に対しては、それをはりつけにする覚悟をすべきです。パウロは同じたとえを用い、「キリスト・イエスにつく者は、自分の肉を、情欲や欲望とともに十字架につけたのです」（ガラテヤ5・24）と宣言しています。

ところで、先に挙げたイエスのことばに、ルカの福音書は「日々」という語をつけ加えています。「日々自分の十字架を負って、わたしに従って来なさい」（9・23）。これは興味深く、重要なことばです。すなわち、クリスチャンは、今日十字架を負う決心をしてイエスに従うつもりになりさえしたなら、あしたはどうなってもよいという態度でなく、毎日十字架を負う覚悟をすべきだからです。日ごとに、自分の意志を最優先させないことを確認し、イエス・キリストへの無条件降伏を新たにするのです。

イエスが自己否定を指して使った三番目のことばは、「いのちを捨てる」です。「自分のいのちを救おうと思う者はそれを失い、わたしと福音のためにいのちを失う者は、それを救うのです」（マルコ8・35）。この「いのち」の原語「プシュケー」は、肉体や霊魂のことでなく、私たちの自我を指す語です。すなわち、考えたり、感じたり、計画したり、選択を行ったりする、人間の人格の中心にある「エゴー」を、これは指しています。だからこそキリストに自分を委《ゆだ》ねようとする人は、自分を捨てるのです。そうはいっても、これは個性を埋没させなさい、ということではありません。自分の意志をイエス・キリストの意志に従わせるとき、私たちは自分の個性を、イエスのそれに吸収させようとはしません。クリスチャンは自分を捨てるとき、真の自分を見いだし、自分のあり方を確立できるようになります。このことは後《あと》でもっと詳しく述べます。

このようにして、キリストに従おうとする人は、自分を否定し、はりつけにし、捨てなければなりません。イエスがどれほど全面的かつ絶対的な要求を私たちに突きつけているかは、これではっきりします。彼は私たちを、いい加減な気の抜けた生活にでなく、りりしい絶対服従の生涯に導き入れようとしているのです。キリストをまさしくわが主と仰《あお》いで生きる日々に、私たちを召しておられるのです。

驚くべきことに、今日、ある人たちは、初めから、キリストを最高の主権者と認めなくても、人はクリスチャンになることができ、キリストの救いの恩恵にあずかることもできると主張します。このような考え方は、新約聖書のどこにも見いだせません。キリスト教の信条として知られる最も初期の定式の文句は、「イエスは主なり」でした。当時ローマ帝国は、その市民たちに、「カエサル（皇帝）は主なり」と言わせました。そんな時代にクリスチャンたちは、自分の身に危険が及ぶことを承知のうえで、「イエスは主なり」と告白したのです。彼らはすでに皇帝、イエス・キリストに、仕える身だったので、その忠誠をカエサルにささげるわけにいきませんでした。「神は、この方を高く上げて、／すべての名にまさる名を与えられました。／それは、イエスの名によって、／天にあるもの、地にあるもの、／地の下にあるもののすべてが膝《ひざ》をかがめ、／すべての舌が／「イエス・キリストは主です」と告白して、／父なる神に栄光を帰するためです」（ピリピ2・9―11）

キリストを主とするとは、私たちが日常生活のあらゆる面で、完全にキリストの支配を受けつつ生きることを意味します。当然その信仰は、私たちの職業にかかわってきます。神は私たちの生活のすべてに、目的を持っておられます。人間はそれを見いだし、実現させることを、自分の任務とするのです。もしかすると神の計画は、自分自身や両親の計画と異なるかもしれません。でも、いますぐ現在の立場を放棄するようなことはしないでください。現在の職業が神の導きのもとにあるかもしれず、いまの学びはそのための準備かもしれません。とにかく、キリストを自分の主とするときには、私たちは現在の計画さえ白紙に戻し、再出発する可能性を覚悟しなければならないのです。

神がすべてのクリスチャンを、「務め」を持つ者にしようとして招いておられることは、確かです。ここで私が言う「務め」とは、奉仕、つまりキリストのため他の人びとに仕えていく責任のことです。クリスチャンは、自分のためにのみ生きることは、もはや許されません。どの分野でどんな奉仕をするかは、人それぞれです。教会の牧師になる人もあり、牧師にならないけれど教会を手伝う人もいます。海外に行く人もいるでしょう。「真の信仰を持つクリスチャンはこうならなければならない」という決まった生き方はありません。「務め」に当然含まれるものとして、さまざまなものがあります。

たとえば、多くの女性にとり妻・母親・家庭の人になるのは、キリスト教的な「務め」につくことです。これらにより彼女は、キリストと彼女の家族と地域社会に仕えていきます。医療・研究・法律・教育・社会奉仕・地方自治体の公務員・ビジネスマンも、同じ意味の「務め」になります。人はこれらの仕事を通して、神に仕え人びとに奉仕するのです。

あなたに対する神の計画を見いだそうと、あせる必要はありません。神の計画に従うことを願いつつ、神がそれをやがて明らかになさることを信じて待ち望んでいると、時が来たとき、それは明らかになります。ただし、それが示されるまで怠《なま》けているというのは、いただけません。現在の務めに熱心に励むのです。自分が雇用主であろうと従業員であろうと、自営業であろうと何であろうと、職業を通して神の計画をつかむ努力をするのです。なぜならクリスチャンは、天にいます主人に仕える身だからです。「何をするにも、人に対してではなく、主に対してするように、心から行いなさい」（コロサイ3・23）

キリストに支配していただく必要のある分野は、まだあります。その一つは結婚と家庭です。イエスはあるときこうおっしゃいました。「わたしが来たのは地上に平和をもたらすためだ、と思ってはいけません。わたしは、平和ではなく剣《つるぎ》をもたらすために来ました。わたしは、人をその父に、娘をその母に、嫁《よめ》をその姑《しゅうとめ》に逆らわせるために来たのです」（マタイ10・34―35）。このように語った後《のち》、クリスチャンがキリストに従おうとするとき、キリストと家族のどちらを第一にすべきかが、問題になることがあると、彼は言われました。

このような家庭内での争いは、いまでもしばしば起こります。クリスチャンは自分から争いを望んではなりません。両親や家族を愛し尊敬しなさい、とイエスははっきり命じておられます。クリスチャンは平和をつくり出す者であるべきですから、家族のことはできるかぎり優先すべきでしょう。しかし、次のことばを忘れてはなりません。「わたしよりも父や母を愛する者は、わたしにふさわしい者ではありません。わたしよりも息子や娘を愛する者は、わたしにふさわしい者ではありません」（同10・37）

さらに、クリスチャンは、未信者との結婚を考えません。聖書ははっきり「不信者と、つり合わないくびきをともにしてはいけません」と述べています（Ⅱコリント6・14）。この命令は、すでに婚約していたり、これから婚約しようとしている人に、口に言い表せない苦痛をもたらします。しかし、この真理から顔をそむけてはなりません。結婚は単なる社会の習慣ではありません。それは神の定めであり、人間が築き上げることのできる、最も深い人間関係です。肉体的・感情的・知的・社会的結びつきばかりでなく、霊的な深い結びつきを実現させる手段として、神は結婚を計画なさいました。

クリスチャンが霊的に一つになれない相手と結婚することは、神に不従順であるばかりか、その結びつきを通して神が与えようとなさる豊かさを、みすみす逃《のが》すことにもなります。未信者との間にできる子どもも、さまざまな影響を受けます。その家庭は宗教上の違いで争い合い、男親も女親も信仰教育を十分子どもに与えられないものとなります。

そのうえ、クリスチャンになるのは、まったく新しい人間に造り変えられることなので、初めのうち一緒にやっていけると思っても、だんだん夫婦間の溝《みぞ》は大きくなります。なぜなら、未信者との夫婦生活では、最も深い次元の交わりが不可能になるからです。クリスチャンは聖書を通して、男女の根本的な違いや、異性の必要も、神が創造されたものと理解するので、性の肉体的表現としてのセックスで、自分の欲求を満足させるだけの、非人間的で無責任なその場かぎりの行為を超越し、創造主が意図された素晴らしい交わり、すなわち、神の目的と人間の人格を成就《じょうじゅ》させる愛を表現する知恵を求めます。

財産や富などについても、主から教えられる必要があります。イエスはしばしばお金の問題に触れ、富の危険性について語りました。「だれも二人の主人に仕えることはできません。一方を憎んで他方を愛することになるか、一方を重んじて他方を軽んじることになります。あなたがたは神と富とに仕えることはできません」（マタイ6・24）。この問題に関するイエスの教えの多くは、私たちの心をかき乱します。イエスはこう語られたことがあります。「完全になりたいのなら、帰って、あなたの財産を売り払って貧しい人たちに与えなさい。そうすれば、あなたは天に宝を持つことになります。そのうえで、わたしに従って来なさい」（同19・21）。この命令は、今日、ある人にとっては、なお現実に実行に移されるものとして受け止められるべきです。しかし多くの場合、これは、文字どおりに財産を処分することより、心の中の財産や富に対する愛着を断ち切るようにという命令として、受け止められるでしょう。聖書は財産そのものを罪悪視してはいません。

私たちは、家族よりキリストを優先させるように、物質的富よりキリストを重視します。神と富の両方に仕えることはできないからです。お金をどのように使うかには、よほど注意すべきです。イエス・キリストに従おうとしたときから、財産や富はもはや自分の所有物でなく、神から管理を任された委託物にすぎなくなります。ですから、世界じゅうで貧富の差が拡大しつつある現代、キリスト教の宣教活動が資金不足におびやかされている今日、神から託されている財産をどのように使い、どれくらい献金するかは、だれにとっても信仰の試金石《しきんせき》となるのです。私たちは寛大な気持ちで、誠実に献金するように心掛けなければなりません。

時間についてはどうでしょう。新しくクリスチャンになった人はもちろん、すべてのクリスチャンは、時間を何に使うか、よく検討しなければなりません。学生なら勉強が一日の大半を占めるでしょう。社会人であれば仕事、主婦は家事に時間の大部分をとられます。クリスチャンはすべてに正直でなければなりませんが、時間の管理においても勤勉であるべきです。毎日いくらかの時間を割《さ》いて、祈りをし、聖書を読むべきです。また日曜日は、イエス・キリストが復活された日として、礼拝と休息とクリスチャン同士の交わりに時間を割《さ》き、さらに信仰を深めるための読書や、教会や社会での奉仕活動に時間をとらなければなりません。

もし罪と自我を捨て、キリストに従おうとするなら、これらすべての点で彼のことばを誠実に実行しなければなりません。

キリストを告白せよという招き

私たちは個人的にキリストを信じ、個人的に彼に従うことだけでなく、キリストを公《おおやけ》に告白することも命じられています。どんなに犠牲を払って彼に従っても、その信仰のことをだれにも話さず、自分の心の中にしまっておくだけなら何にもなりません。

だれでも、このような姦淫《かんいん》と罪の時代にあって、わたしとわたしのことばを恥じるなら、人の子も、父の栄光を帯びて聖なる御使いたちとともに来るとき、その人を恥じます。（マルコ8・38）

ですから、だれでも人々の前でわたしを認めるなら、わたしも、天におられるわたしの父の前でその人を認めます。しかし、人々の前でわたしを知らないと言う者は、わたしも、天におられるわたしの父の前で、その人を知らないと言います。（マタイ10・32―33）

イエス自身がわざわざ、「わたしのことを恥じてはならない」と語られたのは、私たちにその可能性があり、恥じるように誘惑されることを彼が知っておられたからです。またイエスが「このような姦淫と罪の時代に」とおっしゃることから、誘惑の原因がこの世にあることもわかります。イエスは、教会がこの世にあって少数者に属することを、はっきり見抜いておられました。多数の人に逆らい、少数者の味方になるのは勇気のいることです。特にその少数者グループが、社会で快《こころよ》く思われていないときはなおさらです。

とはいえ、イエス・キリストを公に告白するというのは、してもしなくてもいいことではありません。パウロは、公の告白は、はっきり救われるために不可欠だと述べています。彼によれば、救われるためには、心の中で信じるだけでは不十分で、口で「イエスは主です」と告白しなければなりません。「なぜなら、もしあなたの口でイエスを主と告白し、あなたの心で神はイエスを死者の中からよみがえらせたと信じるなら、あなたは救われるからです。人は心に信じて義と認められ、口で告白して救われるのです」(ローマ10・9—10)

パウロはここで、バプテスマのことをいっているのかもしれません。確かに、洗礼をまだ受けていない人なら、キリストを救い主と信じたときに、洗礼は受けるべきです。なぜなら洗礼は、内側がきよくされ、キリストにある新しいいのちが与えられたことの、目に見えるしるしまた保証として施されますが、イエス・キリストを自分の救い主、また主として信じたことをみずから公《おおやけ》にする機会でもあるからです。

しかしクリスチャンが自分の信仰を公的に告白するのは、洗礼のときだけに限られません。人は日常の生活を通して自分がクリスチャンになったことを家族や友人たちに知らせるべきですし、機会が与えられるならイエスが救い主であることを他の人にもあかししなければなりません。ただしこのとき、無理に信仰を押しつけたり、人に迷惑をかけてはいけません。あかしはできるだけ謙遜《けんそん》かつ正直にしてください。

あかしは教会のメンバーになることによっても行われます。学校や勤め先でも、そこにもしクリスチャンがいるなら、その人とはそこでもできるかぎり一緒にいるべきです。迫害を受けるところまでいかなくても、クリスチャンであることにより不利益をこうむるようなことがあるとき、互いに励まし合って、他人を恐れることなく自分がクリスチャンであることをあかしし、祈りや模範《もはん》を通して周《まわ》りの友人をキリストに導くためです。

信じる理由

このように、イエスが私たちに要求なさっているのは非常に厳しいことです。なぜイエスはこんなに厳しい要求を私たちに突きつけられるのでしょう。その理由を考えると、イエスの要求が正当な要求であることがわかってきます。

第一の理由は、それが私たち自身のためになるからです。

自分のいのちを救おうと思う者はそれを失い、わたしと福音のためにいのちを失う者は、それを救うのです。人は、たとえ全世界を手に入れても、自分のいのちを失ったら、何の益があるでしょうか。自分のいのちを買い戻すのに、人はいったい何を差し出せばよいのでしょうか。（マルコ8・35―37）

多くの人は、イエス・キリストを信じると自分は損をすると、心のどこかで思っています。しかし、イエスがこの世に来たのは、人が「いのちを得るため、それも豊かに得るためです」（ヨハネ10・10）。彼の目的は、人を貧しくすることでなく豊かにすることであり、束縛するどころか完全に自由な者にするためなのです。

この世ではもちろん商売が必ず繁盛し、事故もなく損をすることなどいっさいなくなるというわけにはいきません。キリストに従うことによって、損することがあるのは事実です。なぜなら、すでに見てきたように、私たちには捨てなければならないものがたくさんあるからです。ときには罪や自分中心な思い、家族や友人、財産や時間、ある人は結婚まで犠牲にする必要が出てくるかもしれません。しかし、イエス・キリストが与えてくださる富と満足は、あらゆる損失を補ってあまりあるほどのものです。

キリストに従うために自分を捨てると、そのとき初めて私たちは自分を真に見いだします。これは、彼の教える逆説の中でも最大のものでしょう。それは確かです。神と人のために生きるのは賢明なことで、人に真の生きがいをもたらすのです。自分のことを顧《かえり》みず、キリストのためまた隣人のために奉仕するようにならないうちは、人は決して本当の自分を発見できません。この真理を納得させるために、イエスは一つのたとえを語られました。先にも挙げた、マルコの福音書8章のことばがそれです。イエスは全世界を一人の人のいのちと比較します。たとい全世界を手に入れても、自分のいのちを損じたら、何の得になるのか、と。

よく考えてみてください。どう計算しても、キリストに従うほうが、私たちの益になるのです。なぜなら、自分の欲望にしがみついて、キリストに従わないと、物質的・経済的にどんなに裕福になっても、自分のいのちを失うばかりか、永遠のいのちを手に入れられなくなるからです。どっちにしても全世界を手に入れることなど不可能ですし、仮に手に入れても、それを永遠に持ち続けるわけにはいきません。しかも、自分が満足できても、人を満足させられません。「自分のいのちを買い戻すのに、人はいったい何を差し出せばよいのでしょうか」。いったん自分のいのちを損じたら、それでアウト！　それを買い戻すことはだれにもできません。キリストのためどんなに犠牲を払っても、キリストに従わないときにこうむる損害に比べたら、微々たるものです。

第二の理由は、キリストに従うことが人のためになることです。自分のためになるという理由だけでキリストに従うのなら、信仰は単なる自己満足になるかもしれません。私たちは人に与えることのできる人間になるという理由からしても、キリストに従うべきなのです。イエスは、福音のためにいのちを失う者はそれを救う、とおっしゃいました。この「福音のため」とは、「福音を他の人に伝える」ことを意味します。私たちが生きている世界は、イエスが「姦淫《かんいん》と罪の時代」と言われたように、まさに乱れ腐敗《ふはい》しきっています。多くの人はそれを、何とかしなければならないと思いながら自分の無力さに打ちひしがれ、悩み、ついにはあきらめて、みずからも腐敗の中に沈んでいきます。

クリスチャンはこうした無力感に悩まされる必要がありません。イエス・キリストは、クリスチャンのことを、「地の塩」また「世の光」と呼びます。冷蔵庫が発明される以前、塩は食品の腐《ふ》敗《はい》をふせぐのに、欠かせないものでした。それと同じように、クリスチャンはこの世にあって、やはり腐敗をふせぐ働きをします。クリスチャンは、塩としてこの世界に置かれているので、社会の退廃を食い止めなければならないのです。

また世の光として、光を輝かさなければなりません。クリスチャンはイエス・キリストのうちに平和と愛、人間同士の関係、さらに人間変革の秘訣《ひけつ》を見いだしました。その秘訣は、他の人にも分けてあげるべきでしょう。一人の人間として隣人のために働き、この世の必要にこたえる最善の道は、イエス・キリストを信じ、彼に従う生活を営み、クリスチャンホームをつくり、イエス・キリストの福音を光として輝かすことです。

しかしイエス・キリストを信じ彼に従う最大の理由は、それがキリストのためになるからでもあります。「わたしのためにいのちを失う者は、それを救うのです」とイエスは言われました。大きな仕事をするとき、その仕事をだれがしてくれと言うかによって、その仕事に対する意欲は大いに違ってきます。どんなに大変な仕事でも、その仕事を要求しているのが自分のいのちの恩人だったらどうでしょう。おそらく喜んでその求めに応じるでしょう。キリストが「わたしに従って来なさい」と語るとき、その招きが雄弁で説得力があるのは、彼がいのちの恩人以上の方だからです。キリストは、ご自分に従ってくる人を求めています。私たちは、自分のためキリストに従います。隣人のため、キリストに従います。しかしそれ以上に、キリストが求めておられるので、私たちはキリストに従うのです。キリストのためにです。

こう考えてくると、イエス・キリストが私たちに求める自己否認を「十字架を負う」と言うのは、この理由によってであることがわかります。キリストは、私たちのため十字架を負ってくださいました。だから、私たちにも十字架を負うことをお求めになるのです。決して過大な要求ではありません。彼は十字架に対し、十字架を求めるのです。キリストのために十字架を負うのは、そんなにつまらないことでしょうか。つまらないと思う人は、キリストがあなたのためどんなに高価な代償を払って十字架にかかられたか、それがどんなにもったいないことだったかを考えてみてください。彼は御父とともに持っていた栄光を捨て、天の聖《きよ》さも無数の天使の礼拝も後《あと》にして、この地上に来られました。そして身分の低い人となり、みすぼらしい馬小屋で生まれ、大工として働き、いなかの漁師を友とし、あの十字架の上でいのちを落とし、世の罪を背負ったのです。

私たちのために途方もない代償を払われた方を十字架の上に見上げるとき、私たちは初めて自分を捨て、キリストに従う決心をすることができます。私たちの負うべき小さな十字架は、キリストの十字架の前に、色あせてしまいます。永遠の死の刑罰を受けても当然な私たちのために、あれほどの恥と苦しみを耐えたキリストの愛の偉大さを、ほんの少しでも理解するなら、私たちのとるべき道は一つしかありません。どうしてこのような愛の人、キリストに、従うことが拒《こば》めるでしょう。

そこで、あなたがもし道徳的貧血症《ひんけつしょう》にかかっておられるなら、どうか私の忠告を聞いてください。そうすれば、これ以上キリスト教にかかわらなくてよくなります。もし安易な自己満足を求めて生きていきたければ、あなたはクリスチャンになるべきではありません。しかしもし本当に自分を見いだし、神の下さる新しい性質を深く味わいたければ、またキリストとあなたの隣人のために生きる冒険とスリルに満ちた人生を送りたければ、さらに、もしあなたのために死んだ方、イエス・キリストに、深い感謝をわずかなりとも表明しながら、生涯を送りたければ、そのときにはどうか、自分の生涯を、すべて、少しのためらいもなく、あなたの主である救い主、イエス・キリストに任せてください。

10　決心に進む

「クリスチャンになるためには決心しなければならない」と言うと、多くの人は耳新しいことを聞く、という顔をします。ある人は、キリスト教国に生まれた以上、自分はクリスチャンである、と思います。彼らは、「自分はユダヤ教徒でもないし、回教徒《かいきょうと》でも、仏教徒でもない。だからクリスチャンであるに違いない」と考えるのです。別の人は、キリスト教的な環境で育ち、キリスト教の信条を受け入れ、クリスチャンらしい生活を心掛けてきたから、これ以上のことを自分が求められることはないと考えます。

しかし、両親や生育環境がどうであろうと、人は、成人したら、自分がキリスト教に賛成か反対かを、自分の責任において表明する必要があります。私はどちらでもない、と中立の立場をとることはできません。少し足を踏み入れてみようという、あいまいな態度でふらっとキリスト教に入ってみることは、許されないのです。クリスチャンになることを、だれか他人が決めるわけにもいきません。入信するかしないかは、みな、自分で決めなければならないことです。

この本をここまで読んできて、そこに書かれていたすべての点に賛同できても、それであなたがクリスチャンになるわけではありません。イエス・キリストが神である証拠は確かであるとか、彼が神の子であることは動かせない事実であると認めるのは、正しいことです。キリストがこの世の救い主となるために来て、私の罪のために死んでくださったということ、私が罪人であり、自分は心からこの救い主を必要としているということを認めるのも、素晴らしいことです。

しかしこのどれも、人をクリスチャンにしません。これらのことを認め信じるのは、クリスチャンになるうえで必要不可欠なことです。しかし、知識が人をクリスチャンにすることはなく、具体的な行動が伴って初めて知識は真の信仰となるのです。真の信仰はこの知的信念を決定的な依存と信頼の行動に進ませます。知識としての確信は、個人的な決断へと高められなければならないのです。

私自身も、かつて、イエスが十字架の上ですべての人のために死なれたとすれば、私を含めた全人類は自動的に神との正しい関係に入れられるに相違ないと考えていました。それだけに、「あなたは、キリストを個人的に救い主として受け入れ、その救いを自分のものとしなければならない」と教えられたとき、正直いってひどく戸惑い、憤慨《ふんがい》しました。その後目を開かれ、私は一人の救い主を必要とすることを認めるにとどまらず、イエス・キリストこそ私が必要とするその救い主であることを認め、彼を私の救い主とする必要も知り、そのことをいま神に感謝しています。

一人称代名詞というものは、確かに聖書の中で、きわめて重要な役割を持っています。

主は私の羊飼い。
私は乏しいことがありません。（詩篇23・1）

主は私の光　私の救い。……（同27・1）

神よ　あなたは私の神。（同63・1）

私の主であるキリスト・イエスを知っていることのすばらしさ……（ピリピ3・8）

ここで、人は決心することによって信仰の道に入るのだということを、（私を含め）多くの求道者に教える助けになった、聖書のことばを紹介します。これは、イエス・キリストご自身のことばです。「見よ、わたしは戸の外に立ってたたいている。だれでも、わたしの声を聞いて戸を開けるなら、わたしはその人のところに入って彼とともに食事をし、彼もわたしとともに食事をする」（黙示録3・20）

このみことばは、一八五三年に描かれたホールマン・ハントの、有名な『世の光』と題する絵に、みごとに描き出されています。その原画はいま、オックスフォード大学のケーベル学寮にあります。また（原画作成の四十年後ハント自身が作った）模写《もしゃ》は、聖ポール寺院の南側通路にかかっています。この絵が象徴していることは教訓的です。ジョン・ラスキンは、一八五四年五月、『タイムズ』紙に寄稿して、この作品についてこう述べました。

この絵の右側に、人間のたましいを象徴する扉が見えます。それには、しっかりかんぬきがかけられています。そのかんぬきにも、釘《くぎ》にも、さびが見えます。扉が蔦《つた》でおおわれ、柱に固着しているさまを見ると、この扉はどうやらかつて一度も開けられたことがないようです。あたりには、こうもりが飛んでいます。敷居《しきい》は、いばらや、いらくさ、実らない麦で埋もれていて、見えません。キリストはここに、夜中に近づいて来られるのです。彼は王衣をまとい、いばらの冠をかぶっています。また、左手には、世の光となる灯火《ともしび》を持ち、右手で戸をたたいています。

先に挙げたみことばの前後の文脈も大切です。この部分は、キリストがヨハネを通してラオディキアの教会に送った手紙の、最後の部分です。ラオディキアというのは、古代トルコの都市の一つです。当時はなかなか繁栄し、織物業で知られ、フリュギアの目薬で名高い医学の派閥《はばつ》や、富裕な銀行群でも知られていました。

こういった物質的繁栄は、一種の自己満足と陶酔《とうすい》の気分を町にただよわせ、それは教会の中まで侵入していたようです。ラオディキアの教会には、私はクリスチャンだと公言しているけれども実が伴わない、名前ばかりの信者もいました。彼らは見た目は立派でも、キリストへの信仰心は薄く、長続きすることもありませんでした。（いまもその跡が残っている）ヒエラポリスの温泉から溝《みぞ》をパイプでラオディキアまで引かれたぬるま湯のように、彼らの信仰は、冷たくも熱くもなかったので、イエスに嫌悪されました。イエスは彼らが霊的に生ぬるくなったのは、自己欺瞞《ぎまん》のためにほかならないと述べておられます。「あなたは、自分は富んでいる、豊かになった、足りないものは何もないと言っているが、実はみじめで、哀れで、貧しくて、盲目で、裸であることが分かっていない」（同3・17）

誇り高く、繁栄を謳歌《おうか》するラオディキア人の描写として、これはなんとひどいことばでしょう。彼らのことをイエスは、あわれで、貧しい人間だ、というのです。たとえ立派な織物工場があり、フリュギアの目薬があり、大銀行が軒《のき》を連《つら》ねていても、実のところ裸で、目が見えない、あわれな貧乏人だ、と断言なさるのです。

今日の私たちも、彼らと同じです。私たちもラオディキア人のように、「足りないものは何もない」と言うでしょう。こういう考え方は、霊的にそれこそ危険です。自己満足しかもたらさない独立心は、キリストを信じる信仰など必要ない、という心境へ私たちを導きます。イエス・キリストを信じないと、神の前に出るときに必要となる礼服が手に入れられず、道徳的に裸同然の者となります。それだけでなく、霊的真理を見えなくされ、神の恵みを得るための元手も手もとにない、貧乏人となります。しかし彼を信じるなら、神の義を衣《ころも》として着させられ、霊的真理を見ることができるように目を開かれるばかりか、霊的な富まで与えられます。

「見よ、わたしは戸の外に立ってたたいている」とイエス・キリストは、まずおっしゃいます。彼は、想像力の産物ではありません。宗教小説が生み出した、架空《かくう》の人物でもありません。彼はナザレの人であり、彼の教え・人格・復活は、彼がまさしく神の子であることを立証していました。しかし神であられたにもかかわらず、イエスは十字架につき、救い主となられました。扉をたたく手は、かさぶたにおおわれています。敷居《しきい》のそば近く立つ足には、太い釘《くぎ》の跡が見えます。彼はさらに、復活のキリストでもあられます。ヨハネは黙示録1章で、彼を次のように描写しています。

また、その燭台《しょくだい》の真ん中に、人の子のような方が見えた。その方は、足まで垂れた衣をまとい、胸に金の帯を締《し》めていた。その頭と髪は白い羊毛のように、また雪のように白く、その目は燃える炎のようであった。その足は、炉《ろ》で精錬《せいれん》された、光り輝く真鍮《しんちゅう》のようで、その声は大水のとどろきのようであった。また、右手に七つの星を持ち、口から鋭い両刃《りょうば》の剣《つるぎ》が出ていて、顔は強く照り輝く太陽のようであった。（1・13―16）

これは、よみがえった後《あと》のイエス・キリストの栄光を、高度に象徴的な幻《まぼろし》としてヨハネが見て、描写したことばです。この幻を見たとたん、ヨハネがその足もとに倒れたのは無理もありません。私たちが理解に苦しむのは、この栄光に包まれた方が、どうして、どうにも手のつけられない私たちのところにまで来て、心の扉をたたこうとなさるのかです。

しかし現にイエス・キリストは、私たちの生活の場に来て、戸をたたき、いまもあなたの返事を待っておられるのです。注意していただきたいのは、彼が戸のそばに立っていることです。無理に押し入って来ようとは、なさらないのです。キリストは、私たちに語りかけておられます。しかし、わめいてはおられません。このことは、ここで象徴的に「家」と言われているものが、もともと彼の所有であることを考えると、驚くべきことです。

この「家」とは私たちのことですが、キリストはその設計者また建設者です。もちろんそれは、彼の所有です。しかしこの家は、所有者の手を離れ、勝手な行動をしてきました。そこで彼は、みずから血を流すことによって、それを買い戻されたのです。設計・施工《せこう》・購入のどの観点から見ても、この「家」は彼のものです。私たちは、自分のものといえない家に住むだけの、借家人です。

こう考えてくると、キリストは「家」の所有者として、無理に押し入る権利もあるはずなのです。ところが彼は、インターホンのボタンに指を当てるだけです。戸口に立って命令口調で、「いますぐ戸を開けなさい」とどなることもできるはずです。しかしそうはせずに、「私を中に入れてくれないか」と、私たちに語りかけられるだけなのです。彼は、無理に人の生活に介入《かいにゅう》なさいはしません。命令を下す権利があっても、そうはなさいません。これは彼が、本当に謙遜《けんそん》で、へりくだった方であることを示し、私たちの決断にすべてを任せておられることを物語っています。

それにしても、イエス・キリストはなぜ、人の心の中に入って来ようとなさるのでしょう。その答えはすでに学びました。私たちの救い主になるだけでなく、主になろう、と思っておられるからです。キリストは、私たちの救い主となるために死なれました。彼を信じるなら、その死がもたらすあらゆる恵みが与えられます。しかもひとたび彼を私たちの内に迎え入れるなら、そこで彼は、全体を改修し、飾りなおし、整理もなさるのです。彼は心の大掃除をして、私たちの罪を赦し、過去をすべて帳消しにします。

そのうえ、私たちと食事をともにし、私たちに彼と食事をともにさせてくださいます。この「ともに食事をする」というのは、キリストと一緒にいる喜びを表現したことばです。かつて私たちは、彼とまったく無縁の人間でした。しかしいまは、友人と見なされるのです。かつてはお互いの間に、閉ざされた扉がありました。それがいまでは一つテーブルを囲《かこ》んで、一緒に席に着くお互いなのです。

イエス・キリストは、さらに、私たちの主また主人として、私たちの心の内に入って来てくださいます。私たちの生活の場であるこの家は、いまこのようにして、彼の指図のもとできりもりされるのです。では、私たちは、そうなることを心から願うでしょうか。もし願っていないとするなら、私たちはまだキリストに入っていただくために戸を開けた、とはいえません。

私たちが心の扉を開け、彼が敷居《しきい》をまたいで、入って来られたとすると、私たちは彼に、自分の心のどの部屋にも自由に入って来られるように、鍵《かぎ》のたばを渡さなければなりません。入ることのできない部屋を、一部屋でも、残しておくことは許されません。カナダのある大学の学生が、あるとき私に手紙をくれました。彼はこう書いてきました。「ぼくは家じゅうのいろんな部屋に入る鍵を一つ一つお渡しする代わりに、どの部屋にも使えるマスターキーを、キリストに差し上げました」

これは、真の悔い改めをしないと、できないことです。キリストに喜ばれないとわかっていることには、まずきっぱり背を向けなければなりません。ただ勘違《かんちが》いをしないでいただきたいのは、キリストに入っていただく前に、家の中を自分できれいにしようとなどしないことです。私たちが彼に来ていただくのは、自分では自分をきれいにできず、よくすることも、赦すことも、できないからです。だから、彼に来ていただくのです。

また、だから、入って来ていただく以上は、彼がしたいと思うことを何でもできるように、自分なりに覚悟しておくことです。だから、入って来ていただくに当たっては、キリストに逆らうことはおろか、彼のすることに注文をつけることもできなくなります。主としてのキリストがお持ちの権利に、私たちは絶対的無条件的に服従しなければなりません。これが具体的に何を意味するか、詳しいことは私にはわかりません。一人ひとりで事情が異なるからです。しかし原則としては、悪を捨てて、キリストに従う、その決意をすることを意味します。

いまあなたは、ためらいをお感じですか。これから自分がどうなるか、まだわからないうちに、キリストに従うことなどできない、そんなことは理屈《りくつ》に合わない、とお考えですか。いいえ。それは決して理不尽《りふじん》なことではありません。結婚よりは理屈に合っています。結婚とは一組の男女が、無条件で自分を相手に任せることです。少なくとも、結婚してからの将来のことは、二人にはわかりません。それでも二人は、互いに愛し合い、信頼し合って、生きていこうとし、お互いを受け入れ、赦し合う決意をするから、結婚をするのです。それで式のときに、「健康のときも病のときも、富めるときも、貧しきときも、互いに受け入れ、死が二人を引き裂くそのときまで、互いに愛し、いつくしみ合う」と約束するのです。

もしも人間同士が、このように互いに信頼し合い、生きていく決意をすることができるのなら、当然神の御子、イエス・キリストを信頼することもできるはずです。結婚の相手がどんなにしっかりした高潔な人でも、罪ある人間よりは神であるキリストに自分を委《ゆだ》ねることのほうが、ずっと理にかなっています。彼は決して私たちの信頼を裏切ったり悪用したりはしないからです。

それでは、私たちはいま、何をすべきでしょうか。第一に、キリストが呼びかける声を、聞かなければなりません。残念なことに、絶えず呼びかける彼の声に耳を傾けず無視する人は、少なくありません。ときに彼は、良心の呵責《かしやく》や内省《ないせい》を用いて、呼びかけてこられます。道徳上の敗北や生きる目的を見失ったり、生きることにうみ疲れたりしたとき、キリストは説明しがたい霊的な渇《かわ》きや、病、不幸、苦しみ、恐れのうちから、私たちの心の戸の外に立ち、呼びかけてこられることがあります。友人や牧師、あるいは聖書やキリスト教の書物を通して、呼びかけてくださることもあります。そのような彼の語りかけを聞いたら、耳を傾けなくてはなりません。イエスは、「耳のある者は聞きなさい」と言っておられます（マタイ11・15、黙示録3・22）。

彼の声を聞いたら、次には、彼が心の扉をノックする音にこたえ、戸を開けなければいけません。戸を開くというのは、キリストを救い主として信じることと、彼を主と仰《あお》ぎ、信じ従うことを、絵画的に描写したことばです。扉が、偶然に開くことは、あるでしょうか。信仰においては、半開きということは、ありません。扉は、しっかり閉じられているのが普通です。だから、だれかがそれを、開けなければなりません。ところが心の扉は、外側からは開けられないのです。ホールマン・ハントの絵では、戸には取っ手もなければ、掛け金もついていません。ハントは取っ手を、戸の内側にあるものとして、外側にはわざと描かなかったのです。キリストは外から、戸をノックなさるだけです。自分で戸を開ける以外、だれにもその戸は開けられないのです。

これは、個人的な行為でもあります。ヨハネの黙示録3章20節は、自己満足にひたっている、生ぬるいラオディキアの教会宛《あ》てに、書かれたものです。しかし教会に対して書かれているからといって、私に関係がないということにはなりません。このことばは、キリストの教会に属する、一人ひとりの人に対しても、書かれているのです。「だれでも、わたしの声を聞いて戸を開けるなら、わたしはその人のところに入って」と。

すべての人が、決心は、自分で個人的にしなければなりません。戸も、本人でなければ、開けることはできないのです。クリスチャンである親も、学校の先生も、教会の牧師も、友達も、道を指し示すことはできても、鍵《かぎ》を開け、取っ手を回して、戸を開けるところまで、することはできないのです。これは、あなたにしかできません。

これは、人の一生で、ただ一度だけできる、特別な行為です。たった一度だけ、あなたが戸を開けて、キリストを迎え入れると、彼は内側から鍵をかけ、また開けるということが決してできないようになさいます。したがって、その後《のち》あなたが、キリストを屋根裏部屋や地下室に押し込むようなことをしても、彼はあなたを見捨てて出ていくことはなさらないのです。「主ご自身が『わたしは決してあなたを見放さず、あなたを見捨てない』と言われたからです」（ヘブル13・5）
しかし間違えないでください。あなたは彼を迎え入れると、一瞬のうちにクリスチャンになります。しかし、それであなたが完成したクリスチャンになるわけではありません。キリストは瞬間的に、あなたの内に入り、あなたを聖《きよ》め、罪を赦してくださいます。でも、あなたの性格が作り変えられ、キリストに似た者となるのには、ずいぶんと時間がかかります。
もう一度これを、結婚にたとえてみましょう。花嫁《はなよめ》と花婿《はなむこ》が結婚を誓うのは二、三分で十分できます。とはいえ、それで二人は非の打ちどころない夫婦になるわけではありません。ときには夫婦げんかをし、我を主張して、波乱に富んだ家庭生活を営みながら、長い年月をかけて、二人は一つにされていきます。これと同じように、キリストに身を任せるのが瞬間的なできごとであっても、彼に自分の生活のいっさいを取り仕切っていただくすべは、少しずつしか身につかないのです。
ここでもう一度繰り返して言います。この行為は、あなたの意志による決断です。あなたは、神から超自然的な光か経験が与えられることや、感情の高まりを確かめる必要はありません。イエス・キリストはすでにこの世に来て、あなたの罪のために死んでくださいました。それだけでなく、いまあなたの生活の場である心の家の表玄関まで来て、その外に立って、戸をたたいておられるのです。次に行動を起こすのはあなたです。あなたが戸の鍵《かぎ》をはずし、開ける番です。
できるかぎり急いでください。必要以上長く待つことは禁物《きんもつ》です。時間は止まってくれません。あなたの未来は、確かではありません。こういう機会は、もう二度と来ないかもしれないのです。「明日のことを誇るな。／一日のうちに何が起こるか、／あなたは知らないのだから」(箴言27・1)。「ですから、聖霊が言われるとおりです。／『今日、もし御声を聞くなら、／あなたがたの心を頑なにしてはならない……」(ヘブル3・7―8)
もう少し自分で努力してからにしようとか、キリストを心の中にお迎えできるように準備ができたらとか、自分のことは自分で解決しその後《あと》からなどといって、いたずらに時間を延ばさないでください。イエス・キリストは神の子で、あなたの救い主となるために死んでくださったと、いま信じているのなら、それで十分なのです。ほかのことは、だんだんわかってきます。事を急いで軽率《けいそつ》な行動をするのは感心できませんが、ぐずぐずするのも問題です。もしも心のどこかで、自分はいまこそ行動に移るべきだと思うなら、これ以上待つことはしないでください。
最後に、決心するというのは、必要不可欠な行為です。クリスチャンとして生活していくうえでしなくてはならないことは、ほかにもたくさんあります。次の章で見るように、教会の交わりに加わること、神のみこころを見いだし実践《じっせん》すること、恵みとこの世の現実についての理解を豊かにし成長すること、またキリストに奉仕すること、などなどです。

しかし戸を開くというのは、いちばん最初にあなたが自分でしなければならないことです。ほかのどんなことも、この代わりにはなりません。あなたはキリストを知的に信じ、彼をあがめているでしょう。あなたは（私がそれまで何年もしてきたように）鍵穴《かぎあな》を通して彼に祈り、扉の下から献金をささげることもできます。道徳的で上品なみだしなみを身につけ、正義を愛する善良な市民であり続けることもできます。また、洗礼や堅信礼《けんしんれい》を受け、信仰告白をし、宗教哲学の諸問題に通じた学者になることもできます。神学生どころか、正式に任職《にんしょく》された牧師になることすらできます。こういう人間になっても、心の戸を開いて、キリストに入って来ていただかないまま、生涯を終わる人は少なくありません。あなたが自分で戸を開けなければ、それは、他のだれにも、他の何ものによっても、開けられないのです。

ある大学の教授が自叙伝《じじょでん》の中でこう述べています。それはある日、彼がバスに乗っていたときのことでした。

ことばでというわけでも、（私の感じでは）何かイメージがわいてきてというわけでもなかったのですが、どうしたわけかそのとき、自分に関するある事実が私に指し示されました。私は自分が、何かを寄せつけまいとし、何かを締め出《し》そうとしていることに気づいたのです。何か固いコルセットのようなもので身を固めていた、と表現できるかもしれません。しかし次の瞬間、私は、自分がまったく自由な選択をすることができるのだ、ということを感じ取りました。私は戸を開けることも、閉《し》めたままにしておくこともでき、よろいを脱ぐことも着続けることもできることがわかりました。このどちらかを義務的に選び取らなければならない、ということはありませんでした。何者かにおどされている、というわけでもありませんでした。ただし、戸を開いたり、コルセットをはずすことが、何か素晴らしいできごとを意味していることはのみ込めていました。そこで私は、戸を開け、よろいを脱ぎ、束縛をゆるくしてもらうことにしました。ここで私が「ことにした」と述べたことに気をつけてください。これは、私として、どうしてもそうせざるをえなかった、ということでした。

この告白をしたのはC・S・ルイス教授です。ルイスは自伝、『歓びのおとずれ』において、自分の経験を右のように述べたのでした。

ロンドンのハリンゲイ競技場で、大伝道集会が開催されたときのことです。ある貴族の夫人がビリー・グラハムの招きに応じて前に進み出ました。すぐにカウンセラーが彼女に話しかけました。その婦人がまだ、キリストを心に迎え入れていないことを理解すると、彼はすぐにその場で、祈りをささげるように勧めました。彼女は頭《こうべ》をたれ、こう祈りました。「愛しまつる主なるイエスさま。私はいま、この世の何ものにもまさって、あなたを私の心にお迎えしたいと思います。アーメン」

十代の終わりに近い少年が、私立学校の寄宿舎で、ある日曜の夜、ベッドの横にひざまずいて祈りました。ながながと祈ったわけでも、上手な祈りをしたわけでもありません。ただ、はっきりとした口調で、キリストに語りかけたのです。自分のこれまでの生活は、乱れていました。いま、罪を告白します。そして、キリストが自分のために死んでくださったことを感謝します、と。それから少年は、私の生活の中に、あなたが入って来てくださることを、お願いします、とつけ加えました。その翌日、彼は自分の日記に、こう書き記しました。

きのうは本当に記念すべき日だった。いままでキリストは、中心にでなく、いわば円周上におられたのだ。だからぼくは、「私を導いてください」と願ってはいたけれど、自分を完全に支配する権利を、キリストに与えないできた。だが、おお、彼は、戸口に立って、たたいておられた。ぼくは、その御声を聞いた。そしていま、彼はぼくの家の中まで、来てくださった。彼はそれを聖《きよ》め、それをいま、支配しておられるのだ。

少年は、その翌日の日記には、こう書き記しました。

ぼくは一日じゅう、新しい喜びが、尽きることなくあふれ出てくることを感じた。それは、世と仲直りし、神に触れさせていただける、という喜びだ。いまキリストがぼくを支配しておられるが、そのおかげで、以前、全然彼のことがわかっていなかったことが、ぼくにもよく理解できた。

実は、これは私の日記からの抜粋《ばっすい》です。あえてこれを引用したのは、自分がやりも経験もしないことを、読者に勧めている、と思っていただきたくなかったからです。

さて、あなたはいまクリスチャンですか。本当に自分のことを、キリストに委《ゆだ》ねきった、クリスチャンだ、といえますか。この質問に対するあなたの答えは、私がしようとしているもう一つの質問と、関係し合っています。教会に行っているかいないか、立派な生活を送っているかいないかと、それは無関係です。もう一つの質問とは、イエス・キリストは、あなたの心の扉の、どちら側《がわ》におられますか、です。内側ですか。それとも外側ですか。これはとても重要な問題です。

おそらくあなたはすでに決心をして、キリストに入っていただくためにと、戸をお開けになったことでしょう。もしあなたが、これまでそうしていなかったなら、あるいはそういうことをしたかどうかはっきりしなかったならば、いまここで、すぐに、そうなさるようにと、私はお勧めします。それは、（ある人のいうところに従えば）、鉛筆で薄く書いてある文章の上を、インクでなぞるように、はっきり書き直すことです。

どうか一人になって、祈る、ということもしてみてください。祈りの中で、まず罪を神に告白し、それからそれを、捨ててください。それから、イエス・キリストがあなたのために、あなたの身代わりになって、死んでくださったことを、感謝してください。最後に、自分で心の戸を開いて、自分の個人的な救い主、また主として、彼に心の中に入って来てください、とお願いします。次のような祈りを、心の中でするといいでしょう。あなたの祈りの助けになるかもしれません。

主イエスさま。私は、自分が罪人であることを認めます。私は、思いにおいても、ことばにおいても、行いにおいても、罪を犯してきました。私はこれらの罪を、あなたに対して犯したことを悔い改め、それらを捨て、それらに、いま背を向けます。

私はまた、あなたが私の罪を背負い、私の身代わりになって、死んでくださったことを信じます。私はその大いなる愛に、ただ感謝します。

いま私は、心の戸を開きます。主イエスさま、どうか私の心に入って来てください。救い主として、入って来て、私を聖《きよ》めてください。また、主として入って来て、私を支配してください。当然私は、これから生涯かけて、力のかぎりあなたにお仕えします。アーメン。

もしいま、あなたがこういう祈りをささげたならば、それもいい加減にでなく、本気でささげたのなら、次に感謝してください。キリストが、自分の心の中に、入って来てくださった、ということを。あなたは、キリストが、心の中に入って来た、と感じましたか。そのことをたとえ感じなくても、自分の「感じ」には、惑わされないでください。キリストは、「わたしは入る」と言っておられるからです。「だれでも、わたしの声を聞いて戸をあけるなら、わたしは、彼のところに入って」と。彼のこの約束を、信じるのです。彼はウソをついたり、約束を守らないような方ではありません。ですから、あなたは、キリストが自分の心の中に入って来てくださったことを、感謝することができるはずなのです。

11　クリスチャンであるとは

この章は、イエス・キリストに自分の心を開いた人のためのものです。この人はキリストに自分をもう委《ゆだ》ねています。いまクリスチャンとして生活を始めたところです。

しかし、クリスチャンになるとは、クリスチャンであるというのとは少々違います。そこでここでは、クリスチャンになった人は、どのようにしたらクリスチャンでありうるかということと、クリスチャンであるとはどういうことを意味するのかを考えることにしましょう。

あなたは最初の一歩を踏み出しました。あなたはキリストを信じ、救い主、また主として、心の中に入って来てください、とキリストにお願いしました。その瞬間に、奇跡としかいいようのないことを、神はしてくださいました。神はあなたに新しいいのちを与え、あなたは生まれ変わったのです。いまや神の子とされ、神の家族の一員になるのです。

あなたは、どうもそんな感じがしないのだが、と言うかもしれません。それは、あなたが母親から生まれ出てきたときのことを、何も覚えていないのと同じです。自分とは何か、自分はだれか、といった自意識は、人格の発達に伴って起こってくる意識です。だからそのような自意識がないからといって、その人が存在していないことにはなりません。母親の胎《たい》から生まれ出ると同時に、人は一人の独立した人格として成長をし始めるように、キリストを信じたとき、あなたは新しく生まれ変わり、新しいいのちに生きる神の子とされます。

もしかすると、こう言う人もいるでしょう。父なる神は、すべての人にとっても父ではないのか。人はみな神の子ではないのか。この質問には、イエスともノーとも答えることができます。神は確かに全人類の創造主です。すべての人が神によって造られた、という観点からすると、人は一人残らず神の「子孫」です。ただし聖書は、そのような意味での父子関係と、神が、ご自身とキリストにあって、新しく造られた人とご自身の間に確立される父と子の特別な関係を、はっきり区別しています。ヨハネの福音書には、こうあります。

この方はご自分のところに来られたのに、ご自分の民はこの方を受け入れなかった。しかし、この方を受け入れた人々、すなわち、その名を信じた人々には、神の子どもとなる特権をお与えになった。この人々は、血によってではなく、肉の望むところでも人の意志によってでもなく、ただ、神によって生まれたのである。（1・11―13）

ここで「受け入れた人々」、「信じた人々」、「この人々」といわれているのは、いずれも同一の人物を指しています。神の子とは、神によって生まれた人びとのことです。神によって生まれた人とは、自分の心の内に、キリストを受け入れ、キリストの御名を信じた人のことです。

それでは、こういう意味の神の「子ども」とは、どういう人のことをいうのでしょうか。このことを、特権と責任という視点から、考えてみようと思います。

クリスチャンの特権

神の家族に新しく加えられた人に与えられる特権はすべて、その人が神と新しい関係を持つようになると生じてきます。ここでは、この「関係」についてまず考えましょう。

《密接な関係》

ご存じのように、私たちは、罪によって神のもとから迷い出、神から遠ざけられた存在でした。罪こそは、神と人の間に横たわり、その関係を引き裂く障害物でした。見方を変えると、自分の罪のせいで、私たちは全世界の審判者の下す、正しいさばきのもとに立たされてきたのです。いま私たちの身代わりになって、罪の罰を負い、十字架上で死なれたイエス・キリストを信じることによって、その罪を赦され、私たちは罪を認められない義とされた者と見なされ、神に受け入れられました。私たちのさばき主は、このようにして私たちの父となられたのです。

私たちが神の子どもと呼ばれるために、御父がどんなにすばらしい愛を与えてくださったかを、考えなさい。事実、私たちは神の子どもです。（Ⅰヨハネ３・１）

「父」と「子」という呼び名は、イエスが神とご自分を指して用いておられたものです。ところがいま、これらの呼称を、私たちも使えるようになったのです。私たちがキリストを信じたことによって、彼が御父との間で持っておられた親密な関係は、私たちにも分け与えられるからです。三世紀の中頃《なかごろ》、カルタゴの教会の監督だったキプリアーヌスは、主の祈りに関する著作の中で、クリスチャンの特権について、こう述べています。

神の寛容さは計り知ることができません。神の譲歩《じょうほ》と慈愛《じあい》の深さは、私たちが神の前に、祈りをささげるとき明らかになります。私たちが神のことを「父」と呼ぶことを、神ご自身が望んでおられ、それればかりでなく、キリストが神の子と呼ばれるように、私たちが自分のことを「神の子」と呼ぶことをさえ望んでおられるからです。「神の子」という名前は、この名称を使うことを神ご自身が許可なさらないかぎり、だれも用いることができないものです。

これがわかれば、小さい頃《ころ》から暗誦《あんしょう》させられた主の祈りを、もう偽善者的気持ちに悩まされながらささげる必要はなくなります。以前、主の祈りの文句が、そらぞらしさを感じさせたかもしれません。いまは、新しい気高《けだか》い意味を感じるはずです。神は私たちが願う前に、私たちの必要を知り、自分の子どもによきものを与えないと満足しない親のように、神の子らに最高の賜物《たまもの》を与えようとする、天にいますまことの父だからです（マタイ６・32）。

神は、必要な訓練も、私たちに与えます。それはときに、厳しい試練であるかもしれません。「主はその愛する者を訓練し、／受け入れるすべての子に、／むちを加えられるのだから」（ヘブル12・６、箴言３・12）。しかし、むちをふるうのは、愛に満ちた父の手です。父がこのように恵み深く、賢明で、強いからこそ、私たちはすべての恐れから救い出されるのです。

《保証された関係》

クリスチャンと神との間にあるこの親子の関係は、親密であるばかりか、確かなものでもあります。それではこの確かさは、どのようにしたら知ることができるのでしょう。多くの人は、確信を持たず、信仰はほどほどに、といって生きていこうとします。それでも、いま述べた親子の関係が確かなものであることは、だれもが知ることのできるはずのものです。
しかも、ただ知りうるだけでなく、これこそ、神が私たちに啓示された、みこころなのです。つまり、この親子関係に関する確信を、私たちが持つということを、神ご自身が望んでおられるその事実をもとにして、私たちは確信を持つことができるのです。ヨハネが手紙第一を書いた理由はそこにある、と彼自身、手紙の中にはっきり書いています。「神の御子の名を信じているあなたがたに、これらのことを書いたのは、永遠のいのちを持っていることを、あなたがたに分からせるためです」(5・13)
ただし、注意していただきたいのは、確信するというのは、決して「感じる」のと同じでないことです。多くの新しいクリスチャンは、信仰生活を始めるに当たって、この点で何らかの間違いを犯します。自分の生活の表面に出てくる感情ばかりを、たよりにしようとするからです。神を身近に〈感じる〉とき、神が私の近くにおられると思い、神から離れてしまったと〈感じる〉と、神は私から離れたと思うのです。この間違いは、感情を判断の基準にしているところから生じてきます。彼らはその日の感情が、自分の霊的状態を正しく反映させる、と考えます。だから、あるときは有頂天《うちょうてん》になるくらい信仰の高嶺《たかね》を歩いていたかと思うと、次の日にはどん底まで落ち込んで、気分的に「私はもうだめだ」と考えるのです。
こういった理解は正しくないばかりか、神信仰にふさわしくありません。神はご自分の子どもたちに、そんな浮き沈みの激しい信仰生活をさせたくないはずです。感情は移り変わりの激しい、当てにならないものです。ある日は天候に、他の日は健康状態に左右されるからです。人間は気まぐれな動物です。このように環境に左右される感情は、多くの場合私たちの霊的成長に何の関係もありません。だから私たちは、神の子としての確信を持ちたければ、自分の感情をたよりにしない生き方をしなければなりません。

私たちが神と「父と子」の関係にあるという確信を持つことができるのは、私たちがそう〈感じる〉からではなく、神が私たちにそう〈約束なさった〉からです。私たちは自分の主観的なものさしで測るのではなく、客観的なものさしを自分に当てがうべきです。私たちは自分の霊的ないのちの証拠を、自分の内側をあちらこちら掘り返して見つけようとしたりしないで、神を見上げ、その約束が書かれている聖書のみことばから、見つけださなければなりません。それでは、私たちが神の子であることを約束し、保証する神のみことばにはどのようなものがあるでしょうか。

第一に、キリストを受け入れた者に聖書は、永遠のいのちが与えられている、と約束します。「その証しとは、神が私たちに永遠のいのちを与えてくださったということ、そして、そのいのちが御子のうちにあるということです。御子を持つ者はいのちを持っており、神の御子を持たない者はいのちを持っていません」（Ⅰヨハネ5・11―12）。この約束をたよりに、私に永遠のいのちが与えられている、と信じるのは、決して思い上がりではありません。むしろ、自分の感覚より神の約束を優先させる点で、私は自信過剰でなく謙遜《けんそん》であり、その態度は高慢でなく賢明です。神のみことばを疑うのこそ愚かであり、罪深いことなのです。なぜなら、「神を信じない者は、神を偽《いつわ》り者としています。神が御子について証しされた証言を信じていないからです」と書かれているからです（同5・10）。

このほかにも、聖書は、神の約束に満ちています。賢明なクリスチャンなら、その約束を暗記して、心の中に蓄《たくわ》えようと、いち早く努力し始めることでしょう。そうすれば、絶望と疑惑の泥沼にたとえ落ち込むことがあっても、彼は神の約束のくさりに取りついて、そこからすぐに脱出できます。ここにいくつか、暗記しておくとよい、神の約束を挙げておきましょう。

わたし（キリスト）のもとに来る者を、わたしは決して外に追い出したりはしません。（ヨハネ6・37）

わたしは彼らに永遠のいのちを与えます。彼らは永遠に、決して滅びることがなく、また、だれも彼らをわたしの手から奪い去りはしません。（同10・28）

わたしは決してあなたを見放さず、あなたを見捨てない。（ヘブル13・5）

神は真実な方です。あなたがたを耐えられない試練にあわせることはなさいません。
（Ｉコリント10・13）

もし私たちが自分の罪を告白するなら、神は真実で正しい方ですから、その罪を赦し、私たちをすべての不義からきよめてくださいます。（Ｉヨハネ1・9）

だれにでも惜しみなく、とがめることなく与えてくださる神に求めなさい。そうすれば与えられます。（ヤコブ1・5）

第二に、神は私たちの心に語りかけます。次の聖書のことばに目を留めましょう。「私たちに与えられた聖霊によって、神の愛が私たちの心に注がれているからです」（ローマ5・5）。「あなたがたは、……子とする御霊を受けたのです。この御霊によって、私たちは『アバ、父』と叫びます。御霊ご自身が、私たちの霊とともに、私たちが神の子どもであることを証ししてくださいます」（同8・15―16）。神のことばである聖書が私たちに約束するのは、単に客観的確証を与えることではなく、私たちのうちに住んでおられる聖霊なる神によって、約束を確かな経験として持つことです。

いま私は「経験」と述べましたが、これはさきほど述べた「感情」とは違うものです。私たちが祈りの中で、「天にいます父なる神さま」と呼びかけるのは、単なる決まり文句としてではなく、聖霊なる神が私たちの内から御父に呼びかけておられるからで、これは聖霊が私たちの内に住んでおられることの確かな証拠なのです。このことから私たちは、心の中の確信を深める聖霊の働きを知り、私たちは自分が確かに神の子であることを、移ろいやすい感情としてでなく、心の奥深くに根ざす経験として体験するのです。

第三に、聖書の約束と聖霊の与える経験を通して、私たちに、おまえは神の子であるとあかししてくださる神は、私たちの品性に働きかけて、そのあかしを、さらに確かなものにしてくださいます。私たちが神の家族の一員であるとは、その一人ひとりの内に、聖霊なる神が住んでおられることを意味します。目に見えなくても、聖霊がクリスチャンの内に住んでいてくださることは、神の子にとっての最大の特権の一つです。「神の御霊に導かれる人はみな、神の子どもです」(同14節)。「キリストの御霊を持っていない人がいれば、その人はキリストのものではありません」ということばもあります(同9節)。

聖霊は私たちの内に住むと、まもなく、実生活をしていてぶつかる、自力で変えられない性格に働きかけ、私たちを変えてくださいます。クリスチャンはその品性を、このようにして、キリストに似たものにされていくのです。これは私たちが神の子であることを、まさに証明する、当のものとなるでしょう。ヨハネはかなり厳しいことばを使って、もし実際に愛を実践《じっせん》しないなら、その人は神の子ではないと指摘します（Ⅰヨハネ3・10）。いくら口先で信仰を告白しても、信仰が行動に表されないなら、その人はクリスチャンであるとはいえないのです。「子どもたち。私たちは、ことばや口先だけではなく、行いと真実をもって愛しましょう」（同18節）

《確かな関係》

私たちが神との親しい関係に入り、神のみことばの約束によってその関係を保証されたとしましょう。それでは、そのあと、私たちは何もしなくていいのでしょうか。私たちが生まれ変わって神の家族の一員となった後《あと》で、見限られてしまうようなことはないのでしょうか。聖書によれば、父と子という神と私たちの関係は、恒久的《こうきゅうてき》なものです。「子どもであるなら、相続人でもあります。私たちはキリストと、栄光をともに受けるために苦難をともにしているのですから、神の相続人であり、キリストとともに共同相続人なのです」（ローマ8・17）。この世にある何ものも、神の愛から私たちを引き離すことはできないのです。「死も、いのちも、御使いたちも、支配者たちも、今あるものも、後に来るものも、力あるものも、高いところにあるものも、深いところにあるものも、そのほかのどんな被造物も、私たちの主キリスト・イエスにある神の愛から、私た

ちを引き離すことはできません」（同38—39節）

それでも、もしかすると、「罪を犯したら、私は見放されるのではないか」と反問なさる方がおられるかもしれません。クリスチャンになってからも、罪を犯したら、神の子としての権利を剝《はく》奪《だつ》されることは、あるのでしょうか。いいえ、決してそのようなことはありません。私たちの家族のことを考えてみましょう。子どもが、親の困る不始末を、しでかしたとします。父と子の間の会話はなくなり、緊張した雰囲気が家庭にはりつめます。しかし、どうでしょう。この子はもはや、息子でなくなった、といえるでしょうか。とんでもありません。壊れたのは父子の交わりで、親子の関係は安泰《あんたい》です。この関係は、誕生以来どんなことがあっても、変わりません。

交わりのほうは、家庭生活の中で、よいときも悪いときもあります。それでも、息子が父親に謝りさえすれば赦しが与えられ、壊れた関係は再び元どおりになるのです。私たちはみな、こんな経験を持っているのではないでしょうか。少年時代には、親に反抗的になり、言うことを聞かなくなります。でも、だからといって、息子でなくなることはないのです。

神の子についてもこれと同じことがいえます。すでに書いたように、クリスチャンがまったく罪を犯さなくなることは、ありません。ですから私たちは、罪を犯したらその罪を神に告白し、以後きっぱり捨てなくてはなりません。そうするまでは、神との交わりは、壊れたままになります。

だからといって、私たちと神の親子の関係は、壊れてしまうわけではありません。「もし私たちが自分の罪を告白するなら、神は真実で正しい方ですから、その罪を赦し、私たちをすべての不義からきよめてくださいます」(Ⅰヨハネ1・9)。なぜなら、「もしだれかが罪を犯したなら、私たちには、御父の前でとりなしてくださる方、義なるイエス・キリストがおられます。この方こそ、私たちの罪のための……宥《なだ》めのささげ物です」(同2・1―2)。

だから、何かその日失敗して、罪を犯したと思ったら、それを悔い改めるのを夕方まで待ったり、次の日曜日の礼拝まで引き延ばそうとしてはなりません。引き延ばすのではなく、すぐにひざまずいてその罪を神の前に告白し、赦していただくのです。あなたは神との交わりを曇りのないものとするために、いつも良心を、きれいな汚れのない状態にしておくように努めるべきです。

言い換えるなら、人が新しく生まれ変わり神の子とされるのはただ一度の経験ですが、罪は日々赦されて神との交わりが保ち続けられなければならないのです。イエスはこの真理を、ペテロに、ある日説明しておやりになりました。最後の晩餐《ばんさん》の席上でのことです。イエスは立ち上がって、上着をぬぎ、手ぬぐいをとり、たらいに水を入れて、弟子たちの足を洗い始められました。イスラエルでは、晩餐に招かれた人は、相手の家に行く前に水浴するので、訪問先では、奴隷が、玄関で客の足だけを洗うことになっていました。

ペテロはこのとき、最初は辞退したのですが、イエスに「わたしがあなたを洗わなければ、あなたはわたしと関係ないことになります」と言われて、それなら、「主よ、足だけでなく、手も頭も洗ってください」と口走りました。するとイエスは、こうお答えになりました。「水浴した者は、足以外は洗う必要がありません。全身がきよいのです」

一読しただけでは、よくわからないかもしれませんが、これは、生まれ変わりは一度きりで、罪の悔い改めは日々するものだということです。水浴とは、新しく生まれ変わることを、外的に象徴する洗礼を指しています。他方、足を洗うとは、日々の罪の悔い改めのことです。一度水浴をした人は、それを繰り返す必要はありません。しかしこの世のほこりっぽい道を歩いた後《あと》では、私たちは何度でもイエスに足を洗ってもらわなければならないのです。

クリスチャンの責任

ここまで、クリスチャンに与えられている素晴らしい特権について考えてきましたが、それには義務も伴っています。「生まれたばかりの乳飲み子のように、純粋な、霊の乳を慕い求めなさい。それによって成長し、救いを得るためです」（Ⅰペテロ２・２）と書いたとき、ペテロは、神の子にはしなければならないことがある、ということを意識していました。

すでに見てきたクリスチャンの特権の素晴らしさは、神との関係から生じてきました。義務も、父と子の関係を背景に考えなければなりません。父が子に期待するのは、何といっても「成長することでしょう。普通の親であれば、だれも、子どもがいつまでも幼子《おさなご》のままでいることは願いません。父なる神も同じです。ところがなぜか、キリストにあって新しく生まれたクリスチャンの多くは、なかなか成長しようとしません。それどころか霊的に、後戻《あともど》りして、幼児になる人すらいます。これは、悲劇的としかいいようがありません。しかし父なる神の目的は、「キリストにある幼子」が「キリストにあって成熟した者」になることです（Ⅰコリント3・1、コロサイ1・28）。誕生したら、成長するのです。神の前に受け入れられたなら、今度はキリストに似た者になるように成長するのです。

クリスチャンは特に、二つの面で成長しなければなりません。その第一は「理解」、もう一つは「聖《きよ》さ」においてです。クリスチャンになったときすでに、多くの知識を持っている人も、中にはいるかもしれません。多くの人はまだほんのわずかなことしか知らないでしょうし、神のことも知り始めたばかりです。真の神に関する知識を持ち、イエス・キリストを神、主、また救い主として、より深く知るのも、すべてはこれからです（コロサイ1・10、Ⅱペテロ3・18）。この知識は当然、知的（頭で理解する）なものですが、その発達に伴って人格的に（理解が身につく道）も、知る必要があります。知的に知る必要があることに関連して、私は聖書だけでなくよいキリスト教の書物を読むこともお勧めします。何はさておき、理解力の成長をおこたるのはわざわいのもとです。

私たちは次に、聖い生活を通して成長しなければなりません。新約聖書を見ると、神に対する信仰、人びとに対する愛、自分自身がキリストに似た者となる、という三つの分野で、私たちは成長すべきであると書かれていることがわかります。クリスチャンであれば、ただ自分のしたいことだけをするのでなく、神の命令に従って神のみこころを実現することを願うはずです。実は、聖霊は、このことのために与えられたのです。聖霊は、私たちのからだをご自分の神殿にしたのだ、とパウロは言います。「あなたがたのからだは、あなたがたのうちにおられる、神から受けた聖霊の宮であり」（Ⅰコリント6・19）

私たちがクリスチャンになったとは、聖霊が私たちのうちに住まうようになった、ということでもあります。しかもただ単に住んでいるのでなく、彼が圧倒的な力をもって働いて、私たちに満ちあふれることを自発的に願うなら、聖霊は私たちの悪しき欲望をふき払って、その代わりに素晴らしい品性を私たちの内から育て上げてくださいます。「御霊によって歩みなさい。そうすれば、肉の欲望を満たすことは決してありません。……御霊の実は、愛、喜び、平安、寛容、親切、善意、誠実、柔和、自制です」（ガラテヤ5・16―23）

それでは、どのようにしたら私たちは、このような成長をすることができるのでしょうか。その成功の秘訣《ひけつ》は、どこにあるのでしょうか。この点について、私は三つのことを挙げておきたいと思います。

《神への義務》

天の父なる神と私たちとの関係はいまや保証された、確かなものですが、そのまま放っておけばその関係は深くなっていく、ということはいえません。神は私たちが、ご自身をますますよく知るようになることを望んでおられます。だから私たちは、毎日一定の時間を割《さ》いて、聖書を読み、祈りをし、神を待ち望むのです。これはキリスト教の歴史において、多くのクリスチャンが、実践《じっせん》し経験してきたことです。

あなたもクリスチャンとして、成長したいと願うなら、これは欠かせない大事なことです。おそらく、あなたは忙しい毎日を送っておられることでしょう。それでも神を待ち望み、成長するためには、一日の予定を組み直してでも、時間を作る必要があります。確かにこれを始め、実行し続けるのには、自己鍛錬《たんれん》がいります。しかし一冊の聖書と目覚まし時計さえあれば、だれもが勝利の道に向かって歩き出せるのです。

聖書を読むことと祈ることとのバランスを保つことは大切です。なぜなら聖書が神からの語りかけであるなら、祈りは私たちから神への語りかけだからです。聖書を読むのは、計画的にする必要があります。キリスト教書店には、聖書を計画的に読めるようにする通読表が売られています。最初はそれらを利用なさるといい、と思います。

さて、聖書を読むときには一言《ひとこと》祈りましょう。「天の父なる神さま。私はいま、あなたのみことばを読もうとしています。どうか聖霊によって、心の目を開いて、私に光を与えてください」と。それからゆっくり、考え考え、黙想もしながら、読んでください。ひととおり読んだなら、もう一度、そこに書かれていることの意味がくみ取れるまで、神のことばと格闘するかのようにして、読んでください。聖書は現代語訳の聖書を用いてください〔訳注　前に挙げた新日本聖書刊行会翻訳の聖書 新改訳をはじめ、日本聖書協会発行の新共同訳聖書など〕。ときには聖書の注解書が助けになるかもしれません。

読んだみことばの内容と意味をひととおりつかんだら、もう一歩進んで、今度は読んだばかりのみことばを、自分の実際の生活にどのように当てはめることができるかを考えてください。特に、自分に対する神の約束、守るべき命令、見習うべき模範《もはん》、避けるべき罪が、そこに記されていないかどうかに注意してください。聖書を読むとき、聖書と一緒に一冊のノートを使うと有益です。自分が気づき教えられたことを、書き留めておくのです。何にもまして求めなければならないのは、キリストご自身です。彼こそは聖書の主題であり、私たちは聖書を通して、いまも生きて働いておられるイエス・キリストに出会えるからです。

次に、祈りについて考えましょう。祈りは、聖書を読んだとき神が気づかせてくださった問題に、返事をするつもりで始めればいいのです。もし神が、ご自身とその栄光について語られたなら、あなたは神の栄光をほめたたえ賛美する礼拝を真っ先にすべきです。もし神があなたの罪について語られたなら、罪を告白して悔い改めなければなりません。それから、神への感謝が、続きます。みことばを通して教えられ示されて与えられたあらゆる祝福について、神に感謝し、それを受け取るのです。また、聖書の教えが自分ばかりでなく、自分の友人に受け入れられることも、祈ってください。

読んだみことばに関連する祈りが終わったら、次には自分の祈りたいことを遠慮なく祈りましょう。そのとき、手帳や日記は大いに役に立ちます。朝には、これから始まる一日の計画のすべてを、一つ一つ神の御手に委《ゆだ》ねます。夜には、一日をふり返って反省し、自分の犯した罪を告白し、受けた祝福を感謝し、その日出会った人びとのため祈ります。

神はあなたの父です。だから祈りは、自然な態度で、しかも臆《おく》することなく、大胆にささげられなければなりません。父なる神は、子であるあなたの生活のすべてに、関心を持っておられます。このような祈りを続け、自分のことばかりでなく、他人のこともたくさん祈れるようになると、祈るべき事柄や人びとの名前を、書き留めておく必要を、感じるようになるはずです。ノートには、新しく名前をつけ加えたり、取り除いたりすることができるように、いつも自分なりに工夫なさることをお勧めします。

《教会への義務》

クリスチャンになると、自分だけが霊的に成長し、神に近く歩む者となれば、それでいい、と考えたりしません。神の家族の一員として、新しく生まれ変わって、クリスチャンになるということは、神を父として持つだけでなく、国籍や教派を問わず、イエス・キリストを信じる、世界じゅうの人を兄弟姉妹として持つことにもなります。この事実は、まことに素晴らしい真理です。新約聖書にいちばんよく出てくるクリスチャンの呼び名は「兄弟」です。ですから、目に見えない霊的な教会の一員となるだけで満足しないで、それと同時にあなたの町にある教会のメンバーになり、兄弟姉妹としての関係を持ち、その交わりの中で成長するのも、欠かしてはならないことです。その教会で兄弟姉妹たちと一緒に神を礼拝し、一緒に交わりをし、一緒にあかしができるように、あなたは自分の住んでいる地域の教会に属さなければなりません。

そこで出てくるのは、どの教会に属すべきかという問題です。もしすでに行っている教会があるのなら、それが小さい頃《ころ》から行っている教会であれ、最近行き始めた教会であれ、その教会に出席し続けるべきです。もし教会に一度も行ったことがなければ、あなたにキリストを紹介してくれた人の行っている教会に行ってください。あなたにそんな人がいないなら、教会を選択するに当たっては、次の二つの基準を参考にしてください。

第一は、牧師です。牧師を品定《しなさだ》めするわけではありませんが、牧師がはっきり聖書の権威に従っているかどうか、礼拝の説教で聖書を説き明かしているかどうか、聖書の主張を実生活に当てはめているかどうか、を聞き分けるのです。第二の基準は、教会に集まっている人びとです。彼らは本当に、キリストを愛する信者の集まりを作っていますか。ある教会は、単なる会員制カルチャーセンターと同じかもしれません。

地域の教会に属するには、そこで洗礼を受けなければなりません。霊的な意味においてはすでに、キリストの教会のメンバーとされています。しかし目に見える教会の会員となるには、目に見える儀式である洗礼も必要です（洗礼にはこれ以外の意味もあります）。洗礼をまだ受けていなければ、あなたが出席している教会の牧師に、そのことで相談してください。あなたはとにかく、進んでクリスチャンの交わりの中に入らなければなりません。最初は見ること聞くことのすべてが、奇妙に思えるかもしれません。しかし決して見物人で終わらないでください。日曜日には、当然礼拝に出席します。教会では聖餐式《せいさんしき》もします。それも欠かしてはなりません。私たちは聖餐によって、兄弟姉妹の交わりの中で、イエス・キリストの救いを記念するのです。

さて、もしかするとあなたは、教会の交わりは日曜日だけで十分、と思うかもしれません。もしそうなら、キリストによって結ばれた兄弟姉妹の間の交わりを、まだあなたは味わっていないのでしょう。聖書が兄弟愛と呼ぶクリスチャン同士の愛は、まったく新しい、現実的な経験への糸口となります。この交わりの中に飛び込むとは、当初ためらわれるかもしれませんが、交わりが深められていくと、育った環境や年齢の相違を超え、分かち合いの素晴らしさを経験できます。この世にどんな素晴らしい友人がいても、クリスチャンの友人とほど、内容のある、親しい関係は持てません。すでに述べたように、これから結婚相手を探すときには、クリスチャンの中から相手を見つけようと当然するはずです。

《世界への義務》

クリスチャンの生活は、きわめて家族的です。クリスチャンは父なる神との関係において成長し、信仰者同士の交わりを大切にします。しかしそれだけのことだと、教会は排他的な集まりとなり、クリスチャンはこの世から隔離《かくり》されて、教会を修道院のようなものにします。また、クリスチャンは、自分のことばかりを考えている利己的で善人ぶった人、教会も、閉鎖的な寄り合いと見られるようになるでしょう。真のクリスチャンは、決して内向的ではありません。イエス・キリストのことをまだ知らない友人たちに深い関心を抱き、彼らの益になることをやってあげようと積極的に考えるでしょう。

歴史を通し、教会は困窮者《こんきゅうしゃ》や虐《しいた》げられている人のために、慈善《じぜん》事業をしてきました。これは洋の東西を問わず、周知のことです。貧困・飢餓《きが》・病気・抑圧・差別・奴隷・囚人・孤児・難民・生活困窮者を、私たちは決して放っておけません。多くのクリスチャンがいま世界じゅうで、キリストに従うがゆえに、人びとの苦しみや不安を減らそうと、努力しています。それでもなおこれらの仕事は、まだまだ必要とされています。ときには、クリスチャンでない人も、熱心にこれらの分野で活躍していますが、クリスチャンは自分たちの怠慢《たいまん》を恥としなければなりません。

さらにもう一つ、聖書が「世」と呼ぶ、教会の外にいるキリストを信じない人びとへの特別な任務が、クリスチャンにはあります。それは「伝道」です。伝道とは、イエス・キリストの救いを、素晴らしいニュースとして広めることです。全世界には、イエス・キリストとその救いについて聞いたことのない人が、まだ何億といます。ところが教会は、そういう人たちの中で、何世紀にもわたって、彼らを顧《かえり》みることなく、眠りこけてきました。クリスチャンはいまこそ目覚めて、キリストのため全世界に救いを告げ知らせるべきではないでしょうか。

神はあなたの人生に計画を持っておられ、あなたがなすべき仕事を用意しておられます。もしかしたらそれは、福音を伝える牧師や宣教師になることかもしれません。ですから、もしあなたが、いま別の分野で仕事をしたり勉強していても、決してそれにこだわらないでいただきたいのです。もし神に示され、福音を伝える仕事をするように導かれるなら、ためらうことなく歩み出してください。もしほかの仕事に導かれるなら、クリスチャンとしてその仕事を熱心にしてください。

神はすべてのクリスチャンを牧師や宣教師にしようとは考えていません。そんなことをしたら、社会は成り立たなくなりますし、牧師や宣教師が入っていけない分野の人に福音が伝わらなくなります。しかし神は、すべてのクリスチャンがイエス・キリストの証人となることを望んでいます。クリスチャンは家庭であれ、友人の中であれ、学校や職場であれ、人びとにキリストを紹介する責任を委《ゆだ》ねられているのです。この義務のゆえに、私たちはへりくだって、慎重に、礼儀正しく、しかし断固として、あかし人としてキリストを紹介し、その救いを宣べ伝え続けなければならないのです。

そんな大それたことを、と思わないでください。小さな一歩から始めれば、それでよいのです。まず、祈り始めます。自分の周《まわ》りの友人の、だれに、イエス・キリストを紹介すべきかを知るために、神の導きを求めるのです。突拍子《とっぴょうし》もない人よりは、むしろ年齢や性別が同じ人を相手にしてください。次に、彼らのため規則的に祈ります。そして会ったときには、よい話し合いができ、彼らとの友情が深められるように努力し、できるだけ一緒にいてください。相手のことを思い、愛するのです。

そうしているうちに、教会の集会やその他の特別な集会につれていく機会を、神は与えてくださいます。いきなり聖書を差し出すと、敬遠されるかもしれません。読みやすいキリスト教の読み物をプレゼントしたり、貸してあげるのもよい方法です。もしかすると神は、特別な導きを与え、あなたにとってキリストがどういうお方なのか、そしてあなたがどのようにしてキリストを信じるようになったのかを、話す機会を下さるかもしれません。もちろん、どんなにうまく話せても、あなた自身の生活がそれを裏づけていなかったら、相手はイエス・キリストを信じないでしょう。これは当然のことです。逆に、あなたの生活がはっきりと変えられつつあるときには、キリストのことが力強くあかしできるでしょう。

以上が、神の子とされた者に与えられた、大いなる特権と責任です。神の家族の一員として新しく生まれ変わり、天にいます父なる神と親しい保証された確かな交わりを保ちながら、毎日、規則正しく聖書を読み、祈り、教会の一員として交わり、同時にクリスチャンとしての奉仕やあかしを積極的に試みるのです。

もしあなたが忠実にこのような生活を心掛けるならば、おそらく、ある種の緊張、あるいは矛《む》盾《じゅん》を感じることがあるでしょう。それはクリスチャンとしての歩みと、現実社会の中での歩みのギャップです。クリスチャンは、実は二つの国の市民です。一つは地上の、もう一つは天国の。どちらの国も、それぞれに義務を押しつけてくるので、私たちは悩みます。こっちを優先させなさい、と。

新約聖書の著者たちは、クリスチャンが現実社会の中で、国家や会社、家庭、そのほかの組織に対し、義務を負っており、それを忠実に果たすべきだ、と教えています。クリスチャンが神秘主義を唱えて現実から逃避したり、修道院を口実にこの世に背を向けたり、社会から逃げ出し独りよがりの生活をするなどの生き方を、聖書は許しません。クリスチャンはこの世に生きるかぎり、その責任を担うのです。

もう一方で新約聖書は、クリスチャンの国籍は究極的に天国にある、と教えます（ピリピ3・20）。地上では旅人であり、寄留者にすぎないのです（ヘブル11・13）。ですから、この地上に財産を蓄《たくわ》えるようなことや、自己中心な野心を追求し、この世に歩調を合わせることはしません。この世の悲哀《ひあい》を味わうときも、それに押しつぶされるほど嘆きません。

この二つの国の市民として味わう緊張感を和らげようとして、ある人は一方を無視します。この世のことを無視してキリストのふところに逃げ込もうとしたり、キリストのことを忘れてこの世のことに夢中になります。このどちらも、本当の解決をもたらしません。バランスのとれたクリスチャンなら、聖書を手引きにしながら、神の導きを敏感に感じ取り、天国の市民たる生活と、この世の市民の生活を、等しく同時に受け止めていくでしょう。クリスチャンはこのどちらからも逃《のが》れられない運命にあるのです。

これがキリストが私たちに求めておられる、弟子としての道です。キリストは私たちが、新しい生き方をすることができるように、死んでよみがえってくださいました。しかもキリストはその御霊を、私たちに与えてくださったのです。それは私たちがキリストに従う者として、この世の生活をまっとうするためです。キリストはいまこのようにして、私たちが彼に従い彼に奉仕するために、その生涯をすべてためらうことなく彼にささげることを求めておられるのです。

訳者あとがき

本書は、*Basic Christianity* by John R. W. Stott, Inter-Varsity Press, London, Second Edition, 1971 の日本語改訂版です。原書はイギリスで一九五八年に刊行され、一九七一年に改版されるまでに、三十万冊出版されました。最初の邦訳は、この原書初版からのものですが、それは私が全国の大学の諸聖書研究会を、年平均七か月は家を留守にして駆け回っていた時期の訳なので、翻訳には十分時間を割《さ》くことができませんでした。

それで、一九七四年すぐ書房発足と同時に、原書改訂版からの訳に取りかかりました。それからもう、二十年になります。この間に日本語は大きく変化、英語改訂版出版直後に、イギリスにおいてさえ「この本の近代英語訳がほしい」と言われていた、格調高いオックスフォード・イングリッシュの原書にそっただけの、へたな直訳は、今日の平均的日本人にはやはり読みづらいようで、ここに改めて日本語版の改訂を行うことにした次第です。そうするに当たって、私は私より三十五歳若い、瀬棚《せたな》フォルケホイスコーレのスタッフ、岡野正義さん（元常滑《とこなめ》キリスト教会牧師）に、まず手を入れていただきました。今度の訳が読みやすくなっているとするならば、それは岡野さんのおかげです。

さて、この本は、キリスト教とは何か、特にそれを信じるとはどういうことなのかを知りたい、と思っている方々のための本です。読者の中には、すでに教会に行っている方、大学や職場また近所のお宅で開かれている聖書研究会などに、出席している方もおいででしょうが、多くは本屋さんでこの本を手にして、キリスト教ってどんなものなんだろうと、ふとお考えであるだけかもしれません。この本は、そういう方のためのものでもあります。私は、特に、もう一言《ひとこと》、これは少なくとも、洗礼を受ける前の方々にとっては必読書だ、ということをつけ加えさせていただきます。

これ以外の方にとっても、この本は勉強になるでしょう。本書を最初すぐ書房から出したとき、作家の三浦綾子さんは、こうご紹介くださいました。「すばらしい手引書である。真理は真理に忠実な者によってのみよく伝達されるということであろうか。この本のキリストの説き明かしは、全く驚くばかりである。私はこの本を読んで、イエスがいかに偉大な存在であるか、いかに確実な救い主であるか、そして聖書がいかにその事実を確証しているかを、再認識させられた。入門というには、少しく高度かもしれないが、本気で求める者を必ずキリストの門に引き入れずにはおかない確かさがある。信徒の再入門書ともいえる良書であり、聖書の絶好な副読本として、生涯座右に備えておくに足りる一書である」。この最後のほうにある「信徒の再入門書」の、〈信徒〉というのが、本書の第二の読者になるでしょう。

この〈信徒〉もしくは〈信者〉と呼ばれる方々は、おそらく大きく二つに分けられます。最初のほうは、もう信じてはいるのだが、どうもはっきりしないことがまだたくさんある、と感じている方々、もう一方は、教会役員、自分の子どもが高校から大学に行き始めている親、それから、友人や求道者にもっと福音のことを知ってもらいたいと思っておられる方々です。これらの方は、私の経験からすると、初めてキリスト教の本に接する方とは違って、第4章ぐらいまでは丁寧に読んでも、その先は拾い読み程度ですまされるようです。ほとんどの方が、そうなさるようです。

そういう方はもしかすると、ストットが第10章の中で述べているように、「道徳的で上品なみだしなみを身につけ、正義を愛する善良な市民であり続けることもできます。また、洗礼や堅信礼《けんしんれい》を受け、信仰告白をし、宗教哲学の諸問題に通じた、学者になることもできます。神学生どころか、正式に任職《にんしょく》された牧師になることすらできます。こういう人間になっても、心の戸を開いて、キリストに入って来ていただかないまま、生涯を終わる」（二五八頁）ような人の一人に、なっておしまいにならないでしょうか。この本のよさは、著者が第1章でいうように、〈積《つ》み重ね〉が全章を通して行われ、それが第9、10、11章に来て、初めて実を結ぶように、構成されているところにあります。この点に着目すると、キリスト教の二千年の歴史でも、これほど入念な入門書が著されたのは、これが初めてのことではないかと思われるのです。

さて、著者のストットについては、いまや日本でも紹介の必要はほとんどありません。一九九一年、彼は古希《こき》を迎えました。その際彼には、三冊の記念論文集（フェストシュリフト）が献呈《けんてい》されました。その一冊は全世界の代表的神学者の寄稿を集めたもの、二冊目は世界各地の福音派を代表する十人の寄稿を集めたもの、三冊目はストットの属するイギリス教会と世界各地の聖公会系の人たちの論文を集めたものでした。ふつうこの種の献呈論文集は、かなり形式的なもので終わりますが、それが三冊も献呈されたとなると話は別です。ストットに対する世界的評価がしのばれます。〔編注　著者は二〇一一年に召天されました〕

これがキリスト教会の一部の見方でないことは、一九八八年のイギリス教会福音主義協議会第三回大会の後《あと》の、カンタベリー大主教の言葉からもわかります。大主教は就任当時からローマ・カトリック教会にイギリス教会を近づけるようなことを何かするに違いないとうわさされていました。ところが、あにはからんや、ストットたちは、ランシー大主教のお株を奪い、福音の立場を正面に出しながら、一九六六年の上記協議会の結成以来試みてきたローマとの対話でも、みごとな成果を挙げ、ストット自身教皇庁教理部門の代表との公開の討議を行い、その内容をこの代表との共著にしたのでした。

このようなわけでランシーは、ストットを、今世紀で最も著名なイギリス教会を代表する人物と目されるウィリアム・テンプル（チャーチルとともに戦前、戦中、戦後のイギリスを、カンタベリーの大主教として支え抜いたイギリスで非常に著名な牧師）と肩を並べるだけでなく、二十一世紀になってみれば、テンプルにまさる人物とされるであろう、と評したのでした。

日本などでは、それではストットは、なぜ、イギリス教会で主教の地位にすらのぼらなかったのだろう、とお考えになる方がおられるかもしれません。この点については、本書の「はじめに」に、ちょっと目を走らせてくだされば、その答えが見いだされます。ストットは格式高いイギリス教会の牧師ですが、教会は格式にまったく関係がないどころか、しばしば格式に毒されると考えているので、その地位を避けてきたのです。それでいて彼は、大学を出て十年とたたないうちに、並の主教などが絶対になれない、エリザベス女王付宮廷牧師に任命されましたし、ちょっと信じられないほど多方面にわたって、特にイギリス教会外のキリスト教会の中でも指導者的役割を果たしてきました。

彼のしてきたことに照らすと、ストットは、教会とは、教派に縛られるものではない、といいたいかのようです。それでは、教会とは何なのでしょうか。言うまでもなくそれは、本書が全体として述べている信仰を身につけた〈人びと〉、つまり、いわば〈複数信者のこと〉だといえるでしょう。そういう人たちが、自分の家の近くのどこかに集まって、ともに生き始めるとき、そこに教会ができます。ストット自身は子どものときから、いま彼が名誉牧師をしている、オール・ソウルズ教会の教会員でした。たまたまそれは、キリスト教会の中でもどちらかというと、聖書を重んじる、福音主義的な、イギリス聖公会の教会でした。

本書の読者ですでに教会に行っている方は、たとえ自分の教会がオール・ソウルズ教会のように整った教会でなくても、そこで本書の説く信仰をまず自分のものにしたら、今度はそれを親しくしている人たちにも学んでもらい、そういう信仰者のサークルを拡《ひろ》げていくようにしてみたらどうでしょうか。ストットは、そのようになさる人たちを通して、真の教会はできる、と単純に考えておられるようです。

真の教会をつくることに関しては、ストットが事実そう考えているかどうかは知りませんが、前世紀の中頃《なかごろ》にヘンリ・ヴェンという人がいて、次のようなことを主張しました。ヴェンは、十九世紀前半に、当時ロンドン郊外にあったクラッパムで、自宅を開放してウィルバーフォースやシャフツベリといった政治家を集めて、信仰にふさわしい政治をするようにと指導していた、やはりイギリス教会系のジョン・ヴェン牧師の息子で、みずからもイギリス教会牧師になりましたが、とりわけ海外のキリスト教宣教に重荷を感じ、世界じゅうに宣教師を派遣しようとしていました。

イギリス教会にも当時すでに海外宣教部門がありましたが、ヘンリ・ヴェンはそれとは別に、チャーチ・ミッショナリー・ソサイアティーを興しました。そして、この団体の宣教師には、世界の各地に福音を伝えたら、信じた人たちを励まし、その土地に、土地の人たちの手で教会をつくらせ、宣教師たちはその教会ができたらすぐ自分たちはユーサネイシア（安楽死）へと導かれ、現地の信者たちに教会の運営を任せることにすること、と言い渡しました。ここで宣教師たちにあらかじめユーサネイシアを言い渡したというのは、福音を真に語ったなら、あとは現地の、福音を信じた信者たちを、聖霊の御手に委《ゆだ》ね、その教会の運営は、現地のクリスチャンに当たってもらうのだという、ヴェンの強い決意を表明するためだったに違いありません。これが実現していたら、教会はむろん、世界も、私たちが今日知っている世界、また教会とは、まったく違うものになっていたでしょう。

当時は、欧米のどの教派でも、福音を海外に伝えて、宣教の輪を世界じゅうに拡げようとしていましたが、ヴェンの見解は案外広範の支持者を見出しました。たとえば、日本に来たアメリカからの宣教師たちは、やれ改革派からだ、長老派からだ、会衆派からだ、バプテスト派からだ、メソジスト派からだ、といわれますが、それはもっと後《あと》になってからのことで、彼らがアメリカを出た一八五〇年前後には、どの派の宣教師もみな世にいう「アメリカ伝道会社」から派遣されて、日本に来たのでした。そして、彼らを統率していたアメリカのルファス・アンダースンは、まさにヴェンと同じ意見を抱いていました。

それで、日本にできた最初の教会、横浜海岸教会は、当時、もともと長老派に所属していたジェームズ・バラ宣教師によって指導されていた聖書研究会に出席していた日本人の青年たちが、入信するとほとんど同時に、彼らのほうから宣教師に申し出て、自分たちにも教会をつくらせてくれと言ったとき、宣教師たちが、本国の海外伝道本部にいちおう連絡するにはしたが、返事が来る前にあっさりと、日本人に教会をつくるのを許して、できたものなのでした。

多くの人は、今日、これを当たり前のことと思うでしょうが、実は当時、アメリカでは、黒人が黒人牧師を迎えて、自分たちで自立した黒人教会をつくるということすら、まだどの教会・教派・教団本部でも、どうしても認めてやれないという状況にありました。教会の質を重んじる長老教会の宣教師であれば、やはり日本人に教会をつくらせることについては深く思案したに違いありません。けれども、ヴェンやアンダースンの理想が一方にあり、そこにかつて他国の植民地になったことがない日本という国の特殊事情が重なり、それでバラ、タムソン、ヘボン、ブラウン、フルベッキらは、日本人に、自力で教会をつくらせることにしよう、と決意したのです。

この理想はその後、残念ながら、日本に日本人の手で教会が設立されたのとあい前後して、チャーチ・ミッショナリー・ソサイアティーでも、アメリカ伝道会社でも、追求されなくなりました。プロテスタントは以後、聖書そのものに従うことより、欧米の各教派、および教団本部の指示を、金科玉条《きんかぎょくじょう》とする教会を、世界各地につくって、今日に至ったのでした。過去一世紀半、世界各地の人びとは、こうした欧米の既成教派の支配に、さまざまのかたちで抵抗してきました。いわゆる世界教会合同運動が、この抵抗運動を体《てい》よく抑え、既存の欧米キリスト教会の何らかの権益を、今後も温存させようとしたものであるという理解は、いわゆる第三世界の諸教会では、二十一世紀を前にしてほとんど通念となっているとすらいえます。しかも世界の教会は、いま、こうしたしがらみをさらに一歩大きく乗り越えて、進み出そうとしています。

本書のようなキリスト教の入門書でこうしたことを述べるのは、本当に聖書に従う教会は、ただ、本書でじっくり説き明かされた救いの、個人的・人格的体験を真に確認した人たちによってのみ、つくり出される、と信じるからです。日本の教会はどう考えても〈井の中の蛙《かわず》〉です。日本国内で起こっていることについても、おそらくそのようにいうことができるでしょう。

しかし、神を見上げながら本書を、一章また一章と読むうちに、私たちは次第に変えられ、日本にいながら、世界の人たちと同じ人間理解、同じ信仰、同じ目的を抱いて、生きていけるようになるでしょう。よくいわれることですが、信じるというのは、信じ続けるのよりは、かなり簡単なことです。空に抛《ほう》り上げたボールは、少しすると落ちてきます。ちょっと感激したり、ちょっと納得したぐらいの信仰だと、結局このボールと同じ運命を、たどらざるをえません。しかし、キリスト教の歴史を見れば、世界の進歩がそういう信仰の持ち主によっては、導かれてこなかった、というのは明らかなことです。要は、最初から信仰を正しく摑《つか》むこと、もしくは摑みなおすことです。この本がこういう信仰のとらえ方をするのに、役立つように、と、ひたすら祈るものです。

訳　者

一九九三年五月十二日　瀬棚にて

解　説――神を知り、神に生かされ、神に仕えるための入門書

ジョン・ストットの『信仰入門』が再び発行されることを、とても嬉しく思います。本書を最初に出版した「すぐ書房」の有賀寿氏は、私が仕えるキリスト者学生会（ＫＧＫ）の初代総主事であり、学生時代から同書房の書籍に養われてきた者としても、本書が再び多くの方に読まれることを願っています。今日、本書を読む意義について考えてみます。

ストットは第1章「正しい態度」のすすめの中で「読む前には、ぜひ祈っていただきたいのです」「自分の知性と意志が納得したら、イエス・キリストを信じ、彼に従っていくつもりです、と神に表明するのです」と述べ、単に神を知識として知るのではなく、祈りつつ人格的に知ってほしいという思いを伝えています。

第1部「キリストの人格」、第2部「人間の必要」での記述は、入門書としてはとても詳しく豊富です。考えるに有意義な項目が多数あります。イエスについてどう評価するか？　罪の現実とキリストの死、救いの必要をどう受けとめるか？　と読者にチャレンジをしてきます。一つ一つの項目をじっくりと味わい、グループディスカッションをして学ぶにも有益と思える内容です。

さらに本書の特徴は、第3部にある「人間の側での応答」が言及する範囲にあります。キリストに従うには犠牲を覚悟する必要があることが、未信者にも隠すことなく伝えられます。この書での「信仰の招き」は、キリストを救い主として受け入れることに始まり、神との密接な関係という特権を与えられた者として、聖書を読み祈ること、教会の忠実な会員となること、社会において責任ある民として生きることまでが含まれています。はっきりと「新しい生き方」への招きをします。KGKが加盟する国際福音主義学生連盟（IFES）において長年指導をし、また「キリスト者の社会的責任」について言及したローザンヌ誓約（一九七四年）を主導したストットの視野の広さがあらわれている招きです。

時代とともに、若者の関心が「何が真理か」から、「何が良いことか」、そして「何が美しいことか」へと移ってきていると言われます。さまざまな痛みや歪《ゆが》みがありながらも、ある意味で社会が「成熟」してしまっている現代では、若者のみならず、一体どのように生きればいいのだろう？　何を基準に、何のために生きればよいのだろう？　自分が貢献できることなどあるのか？という迷いが生まれやすくもあります。

クリスチャンであるとはどういうことかについて述べ、生き方にチャレンジをして閉じられる本書は、未信者への「入門」書、また信仰者への「再入門」書であり、まとめると「神を知り、神に生かされ、神に仕えるための入門書」であると言えます。

キリスト者学生会総主事　矢島志朗

本書は、一九七八年にすぐ書房より刊行された『信仰入門』に若干の編集・修正と新たに解説を加えたものです。

ジョン・ストット（John R. W. Stott）

1921－2011年。イギリス国教会の司祭。ケンブリッジ大学で学び、イギリスのキリスト者学生会やローザンヌ世界伝道会議などで指導的な役割を果たした。1974年には、第1回日本伝道会議のために来日している。
邦訳書：『今日における聖霊の働き』『空の鳥を見よ』（以上、いのちのことば社）など。

有賀寿（ありが・ひさし）

1926－2015年。大阪府生まれ。キリスト者学生会総主事、日本長老教会西船橋キリスト教会牧師を務めた。すぐ書房の社主でもあり文書伝道に従事した。
訳書：『地の塩・世の光』『静思の時』（以上、すぐ書房）など。

信仰入門

2020年5月10日発行
2022年1月10日再刷

著　者　ジョン・ストット
訳　者　有賀　寿
印　刷　シナノ印刷株式会社
発　行　いのちのことば社
〒164-0001 東京都中野区中野2-1-5
TEL03-5341-6923／FAX03-5341-6925
e-mail:support@wlpm.or.jp
http://www.wlpm.or.jp

ISBN 978-4-264-04149-8

ニュークラシック・シリーズの刊行にあたって

いのちのことば社は創立以来今日まで、人々を信仰の決心に導くための書籍、信仰の養いに役立つ書籍の出版を続けてきました。このたび創立七十周年を迎えるにあたり、過去に出版された書籍の中から、「古典」と目されるものや、将来的に「古典」となると思われるものを、読者の皆様のご意見を参考にしながら厳選し、シリーズ化して順次刊行することにいたしました。聖句は原則として「聖書 新改訳２０１７」に差し替え、本文も必要に応じて修正します。

今の時代の人々に読んでいただきたい、今後も読み継がれていってほしいとの願いを込めて、珠玉のメッセージをお届けします。

二〇二〇年